中國民間故事史 明代篇

祁連休——著

導言

祁連休

　　民間故事有廣義與狹義之分。廣義的民間故事指所有的散文體口頭敘事文學，包含神話、民間傳說和狹義的民間故事。狹義的民間故事則是除去神話、民間傳說的散文體口頭敘事文學，它通常分為幻想故事、寫實故事（又稱「生活故事」）、民間笑話、民間寓言四個門類。

　　本書的起迄時間為先秦至清末，並不涉及現代和當代。

　　中國民間文學史研究，是整個中國文學史研究的一個薄弱環節；而中國民間故事史研究，又是中國民間文學史研究的一個薄弱環節。對於中國故事學界的同仁而言，加強中國民間故事史研究，可謂任重道遠。

　　民間文學不同於作家文學，而有其特殊性。民間故事在民間文學的各種體裁中，也有其特殊性。如同編纂中國文學史、中國民間文學史一樣，中國民間故事史可以有各種各樣的寫法，可以作各種各樣的探索與嘗試。筆者力圖按中國民間故事本身的特點來撰寫這一部民間故事史，以充分展示中國歷代民間故事作品為主旨，希望讀者見到的這部著作，不但能夠儘量充分地揭示出中國古代民間故事多彩多姿的面貌，而且突出其不同於一般筆記小說、通俗小說的民間文學特徵。為此：

　　1，本書以展示見諸歷代各種古籍文獻的不同門類、不同題材的民間故事為主線來撰寫這一部中國民間故事史，而不是以展示歷代記載民間故事的古籍文獻為主線。因為本書揭示的是中國民間故事的發展史，而不是以作家文學為主的中國文學史。

　　2，本書在梳理中國民間故事發展史的時候，除了以大部分篇幅展示歷代的民間故事作品之外，還用一定的篇幅來展示與其密切相關的民間故事類型的發展史以及展示民間故事的記錄史、編選史等，讓這部著作盡量具備民間故事史應有的內容和特點。

中國古代的民間故事浩如煙海，數量極大。可是，很難找到記載民間故事的專書。中國歷代的民間故事大都分別收進各種古籍文獻，尤其是各種筆記小說之中。長期以來，它們往往被研究者視為志怪小說、軼事小說、諧謔小說等。筆者在撰寫本書的過程中，首先要解決一個作品的鑒別問題，自始至終都要不斷從各種古籍文獻中鑒別出被歷代文人錄寫的比較本色的民間故事，以及雖有一定的藝術加工但仍然保存基本面貌的民間故事，以便進行梳理、分析和論述。對此，儘管學界已經做過不少探索和嘗試，卻仍然具有一定的挑戰性。筆者認為，從古籍文獻中分辨出民間故事，大致有兩種鑒別方法：1，以符合民間故事的基本特徵（包括思想內容、藝術風格、敘事特點、結構模式等）以及流傳變異、故事類型的相關特徵為準繩，這是最主要的鑒別方法。而在區分民間故事與民間傳說方面，則可以有相當的靈活性，因為兩者之間存在著一定的模糊帶，要想將它們十分準確地區分開來，並不很容易。2，運用各種參照的方法進行鑒別：以各種已有定評的古代民間故事作為參照；以中國各民族現當代口傳民間故事作為參照；以外國民間故事作為參照，等等。

　　在撰寫本書的過程中，尚需解決一個作品的斷代問題。筆者採取的方法是根據作品記錄的年代來斷定作品的年代。這種斷代方法，是一種比較簡便易行的方法，也是一種大致可靠的方法。何況很難找到一種可以取代它的更好的斷代方法。一般來講，以記錄民間故事的時間來斷定其年代，雖然不一定很準確，可能會有一些誤差，但出入不會太大。正如我們將被記錄下來的現代人所講的民間故事視為現代民間故事，把被記錄下來的當代人所講的民間故事視為當代民間故事一樣。

　　中國民間故事的發展史時間漫長，有文獻資料可以稽考者，上自春秋末年，下迄清末民初，歷時兩千多載。根據中國民間故事發展史的實際情況，並且為了詳細敘述的方便，本書共分為四冊，第一冊又分三編：第一編先秦兩漢時期（約前519-220），跨度七百多年。這一個時期是中國民間故事的萌生時期。此時，各個門類的民間故事均已出現，並且有不同程度的發展。其中，以民間寓言最為耀眼，成為中國民間故事發展史上的一個不可企及的高峰。第二編魏晉南北朝時期（220-589），跨度三百六十多年。這是中國民間故事開始走向成熟的一個時期。此時，各種門類的民

間故事都有了一定的發展，逐漸成熟。其中，幻想故事奇峰突起，出現許多名篇佳製，充分顯示出中國民間故事的風采和魅力。第三編隋唐五代時期（581-960），跨度近四百年。這個時期的民間故事仍以幻想故事最為突出，成為魏晉南北朝之後中國民間故事的又一座豐碑。與此同時，寫實故事也有較為顯著的發展，是這個時期民間故事的另一個亮點。相比之下，這個時期的民間笑話與民間寓言的發展則較為緩慢。第二冊宋元時期（960-1368），跨度四百餘年，是中國民間故事發展史上的一個承上啟下的重要時期。這個時期，幻想故事、寫實故事、民間笑話、民間寓言的發展都比較均衡，成就卓著，為明清時期中國民間故事的大發展奠定了堅實的基礎。第三冊明代時期（1368-1644），跨度兩百七十多年。這個時期的幻想故事、寫實故事、民間笑話均有較大的發展，民間笑話的發展尤其顯著，成為中國民間笑話發展的頂峰，十分引人注目。第四冊清代時期（1616-1911），跨度近三百年。這是中國民間故事全面繁榮的時期，各種門類的民間故事的發展均非常顯著，幻想故事和寫實故事的發展更為突出。清代又是中國民間故事由古代進入現當代的一個過渡時期。這個時期民間故事的全面繁榮，為中國現當代口傳民間故事的大發展從多方面提供了可靠保障。

目次

明代時期的民間故事

明代是中國古代社會的又一個王朝，歷時兩百七十多年。在元朝覆滅之後，明初諸帝不但掌控了整個漢族地區以及青藏、東北等少數民族地區，而且向西南少數民族地區擴展自己的統治勢力。明代中央集權的鞏固，為社會經濟文化的發展，創造了有利條件。明代中葉以後，隨著生產力的提高，商業經濟的繁榮和對外貿易的拓展，新的工商業不斷城鎮不斷興起。在長江下游地區，城市化程度比較突出，出版業欣欣向榮，文人文化與大眾文化頗具有活力。然而，到了明代後期，政治黑暗，朝綱紊亂，閹黨橫行，土地兼並愈益嚴重，階級矛盾日趨劇烈，農民起義紛起，最後導致明王朝覆滅。

從明代起，中國古代的寫實故事和民間笑話進入了一個興旺發達的時期。在這個時期，無論是寫實故事，還是民間笑話都較之前一個時期有了較大的發展和提高，民間笑話尤為顯著。相比而言，這個時期的幻想故事和民間寓言，則不如寫實故事和民間笑話那樣興旺發達。

明代記載民間故事的著作甚多，主要有方孝孺撰《遜志齋集》，劉績撰《霏雪錄》，陳敬則撰《明廷雜記》，葉盛撰《水東日記》，沈周撰《客坐新聞》，陸容撰《菽園雜記》，賀欽撰《醫閭漫記》，陸釴撰《病逸漫記》，馬中錫撰《東田集》，楊循吉撰《吳中故語》、《蓬軒別記》，祝允明撰《語怪編》、《志怪錄》、《猥談》、《九朝野記》、《枝山前聞》，黃暐撰《蓬窗類記》，劉玉撰《已瘧編》，郎瑛撰《七修類稿》，伍餘福撰《蘋野纂聞》，王錡撰《寓圃雜記》，姚福撰《青溪暇筆》，都穆撰《都公談纂》，徐禎卿撰《異林》，陳良謨撰《見聞紀訓》，敖英撰《綠雪亭雜言》，侯甸撰《西樵野記》，蘇佑撰《逌旃瑣言》，李翊撰《戒庵老人漫筆》，張誼撰《宦游紀聞》，田汝成撰《幽怪錄》，陸粲撰《庚巳編》、《說聽》，陸灼撰《艾子後語》，楊儀撰《高坡異纂》，馮汝弼撰《祐山雜說》，王文祿撰《機警》，陸楫編纂《古今說海》，樂天笑笑生纂集《解慍編》，何良俊撰《語林》（又名《何氏語林》），宋雷撰《西吳里語》，葉權撰《賢博編》，耿定向撰《權子》，徐渭撰《諧史》，李贄撰《山中一夕話》，王圻纂集《稗史彙編》，王稚登撰《虎苑》，王世懋撰《二酉委譚》，張夷令輯《迂仙別記》，王臨亨撰《粵劍編》，焦竑撰《玉堂叢語》，屠本畯撰《憨子雜俎》，劉元卿

撰《賢奕篇》、《應諧錄》，于慎行撰《穀山筆麈》，孫能傳撰《益智編》，周復俊撰《涇林雜記》，馮夢禎撰《快雪堂漫錄》，趙南星撰《笑贊》，江盈科撰《雪濤小說》、《雪濤諧史》、《聞紀》、《談言》、《談叢》，馬生龍撰《鳳凰台記事》，王同軌撰《耳談》（一名《耳談類增》、《賞心粹語》），徐𤊻撰《徐氏筆精》，王元禎撰《說圃識餘》，朱國禎撰《湧幢小品》，周嘉冑撰《香乘》，陳繼儒撰《珍珠船》、《讀書鏡》、《虎薈》，陳繼儒輯《時興笑話》，顧起元撰《客座贅語》，闌莊撰《駒陰冗記》，謝肇淛撰《五雜俎》、《麈餘》，李日華撰《蓬櫳夜話》，鍾惺撰《諧叢》，潘游龍撰《笑禪錄》，錢希言撰《獪園》，姚旅撰《露書》，支允堅撰《異林》，郁履行輯《謔浪》，文林撰《琅玡漫鈔》，徐應秋撰《玉芝堂談薈》，鄭仲夔撰《耳新》，鄭瑄編纂《昨非庵日纂》，起北赤心子撰《新話摭粹》，無名氏撰《笑海千金》、《時尚笑談》，馮夢龍編纂《古今譚概》、《智囊補》、《情史》，馮夢龍輯《笑府》、《廣笑府》，浮白主人輯《笑林》，浮白齋主人撰《雅謔》，醉月子輯《精選雅笑》，李中復撰《原李耳載》，俞弁撰《山樵暇語》，談遷撰《棗林雜俎》，無名氏撰《玉池屑談》、《資談異語》、《華筵趣樂談笑酒令》、《續笑林》、《解頤贅語》等。

第一章 明代的幻想故事（上）

明代的幻想故事包含神異故事、精怪故事、鬼魂故事幾個門類，以神異故事的作品數量最多，藝術質量最高，能夠較為充分地顯示出明代幻想故事的藝術成就。

第一節 明代的神異故事（一）

明代的神異故事，內容比較豐富，包含神祇濟世故事、奇事奇遇故事、寶物故事、人神戀情與交誼故事、報應故事等多個方面，大多構思巧妙，想像奇特，能夠比較充分地反映出平民百姓，尤其是衣食無著的民眾的思想感情和生活願望。其中以神祇濟世、奇事奇遇兩類故事比較突出，足以與隋唐五代、宋元時期的同類故事媲美。

一、明代的神祇濟世故事

這個時期的此類故事，大都描述道教的神仙、佛教的菩薩以及其他神靈來到塵世間扶危濟困、懲惡揚善，使人們安居樂業，過上太平日子，讓生活在社會底層的民眾也不再為溫飽發愁。茲從搭救饑民、扶助善良、懲惡鋤奸等幾個方面具體論析這個時期的神祇濟世故事。

（一）有關神祇搭救饑民的故事

滋陽縣天饑，眾皆欲攜老幼逃散。忽一羽士星冠掛瓠劍過之，指一隙地曰：「此下有土飯可食。」忽不見。眾駭之，掘地尺餘，土皆碧綠色，微有穀氣。餓者捧而吞之，膩如稠麵，下嚥甚適。眾爭啜至飽。一方數千人，皆取給焉。地成坑，且數畝，深可二丈，獨不蓄水。

易歲，麥將熟，羽士忽至，俯地若有所拾。坑已滿，再掘，仍沙土，不可食矣。

《湧幢小品》卷二十九，〈土飯〉

海鹽祝主事家有牧羊兒，年十餘，素善飯。一日牽羊歸，就午食，庖婦故不與以戲之。牧兒去，泣於田間。一道士過，見之問曰：「汝何哭？」告以無飯。道士出懷中黑丸，大如龍眼，授之曰：「食此自當得飽，勿嚼碎。」兒吞之，覺腹中充然。道人戒曰：「無語人也。」遂去。

兒暮歸不湌，明日亦不饑，絕穀者五六日。庖婦疑其盜米自食也，白於主人。主人召兒將鞭之，兒畏而吐實，主人畏之。明日使他兒與俱，曰：「若復遇道士，一人力挽其衣，一人歸報。」二兒到向地，則道士又至矣，語兒曰：「為何漏言？」謝曰：「畏主責耳。」道士以一手支其領，一手擊其頂間，前黑丸自喉躍出，復藏於懷。兒極力挽留，問此何物，曰：「汝知有所謂交梨火棗者手？此火棗也。」

久之，主人聞報而至，將去數百步，道士雙足遽陷入土中。稍近，益下，僅露其首，既而首亦不見，土上都無竅穴。驚顧道士，已在隔岸拱手而滅。自是牧兒復食。吾鄉戴區人蘇盤，時為祝塾師，親見其事。劉宗廉說。

《庚巳編》卷七，〈祝氏牧兒〉

這兩則故事，描述仙家羽士施展神力，讓無助災民，或者飢餓牧童不再忍飢挨餓，得以保全性命，度過難關。當被搭救者一旦得救時，他們立即收回神物，令人們的生活恢復常態，以杜絕世人的貪念，不使某些人誤入歧途。

（二）有關神祇扶助善良的故事

松江富人丁生者，壯年無子，其妾有妊，丁禱於所事真武之神云：「如生男，長大當親攜上太岳燒香，以謝神貺。」已而果得

男。長至六歲，丁與妻妾謀將踐誓言，皆以子幼道險，欲更須數載。丁以初心不可違，強欲一行，從兩僕，攜其子而往。

甫至，舍於旅邸，其子忽疹，數日竟死。丁悲慟，怨曰：「吾父子至誠，數千里而來，神不賜福亦已矣，而更使得此禍乎？」又數日，痛稍定，乃登山，留兒柩旅邸，囑邸翁善守之。越三夕，兩僕來詣翁，以主命載其棺而去。

詰朝丁至，問棺所在，翁具言僕故。丁訝曰：「兩僕從我上山，今尚在後，安得有此？」僕至，翁面質之，亦駭愕，疑翁有他故，矢天自明。丁大慟曰：「吾違妻妾之言，強以吾兒來。今既死，又併骸骨而失之，吾歸何以見家人也。吾有死而已！」既入舟，日常涕泣不食，奄奄殆至滅性。同歸者多加寬慰，使進食。

抵松，未至家數里，遣一僕先歸報。入門，主母出，盛怒詬其夫曰：「汝唯一子，行數千里，忍今他人挈歸，於汝心安乎？」且責僕以不諫其主。僕驚不知所對，乃奔告其主。主大怪之，即舍舟趨至其家。妻妾交口出罵，問其故，乃言：「旬日前昏時，有船泊岸，二客攜兒入門，言吾輩武當燒香遇，而主為事少羈，付此兒先送回耳。」丁大駭，呼兒出看之，疹瘢猶在面，卻道前事，皆不信，請同歸者證之，始知其非妄。問兒所以生，懵然不知也。

《庚巳編》卷八，〈真武顯應〉

二秀才俱春秋有名，相善。秋試前夕，同榻。一生俟睡熟，密取彼生謄真之筆，悉嚼去其穎。明日抽用已盡禿，大驚。取起草者姑代，則濕濫如帚。乞諸鄰，又皆堅拒。慟哭，欲棄卷出。倦而假寐，有神拊其背曰：「起起，寫寫！」既起，視筆依然完好。執之，且疑且寫。既畢，仍禿筆也。交卷至二門，一生在焉。迎問曰：「試文稱意否？」謝曰：「無之，但得完卷耳。」其人面發赤，趣出宿於別所。明日其名黏出，不得終試。禿筆生魁選聯第。

《湧幢小品》卷七，〈嚼筆〉

這兩則故事，描述神明大顯神威，降福世間，滿足虔誠、善良之人的美好意願——使壯年人所生的兒子病死復生，讓受欺負的書生禿筆生魁，高中聯第，無不給人間帶來溫暖和希望。

（三）有關神祇懲惡鋤奸的故事

> 湖廣蘇伯修如雲南，將還，有一僧來附舟，蘇初難之。僧言：「君姑容我，我將有所助。」蘇不得已許之。
>
> 中途登陸，群盜二十輩追至。蘇惶迫無計，僧云：「勿畏。」命主僕及貨聚一處，畫一圈圍於外，掐指罡咒，以袈裟鋪地鼾寢。俄而盜至呼僧云：「適見一商，挾重貨與汝同行，今安在？」僧曰：「吾不知也。」盜遍覓其間，終不能見而過之。
>
> 蘇始感僧，厚謝僧，不受徑去。
>
> 《說聽》卷上，「蘇伯修」

> 興寧有奸夫奸婦謀殺親夫者，夜半移屍棄於仇家之塘中。里人葉大者道遇之，畏事不敢發。明日，奸婦指告仇家，以為殺其夫也，而無證，獄久不決。興寧莊尹鞫而疑之。是夕，夢一神人引一戴草笠而著木屐者至前，謂尹曰：「尹欲決疑獄耶？詢此人即得矣。」覺而思之，豈有里鄰中姓葉者知情乎？旦日執葉大至，一訊即得。
>
> 《粵劍編》卷二，「神助決疑獄」

這兩則故事，描述神明大顯神通，懲惡鋤奸。他們或者化為僧侶出現，讓商家免遭搶劫與殺害；或者托夢給審案官吏，使被誣陷者冤情大白，並使謀殺親夫的淫婦奸夫落入法網。這兩則故事，情節簡略，篇幅短小，卻頗為有趣，跟前面徵引的幾則故事一樣具有藝術魅力。

除了例舉的作品外，這個時期的神祇濟世的故事尚有寫神人托夢贈一「麥」字，從而破了殺妻棄屍冤案，將真兇——與婦私通之二道士捉拿歸案的《雙槐歲鈔·斷魂石》、寫一道人用紅藥丸為黃某治好膈氣不能飲食之病，隨即撫背令其吐出藥丸，納入葫蘆而去的《庚巳編·黃長子》、

寫韓某得一老僧所傳方藥而名揚山西，遙見人顏色即知禍福生死，屢試不爽的《高坡異纂‧韓神醫》、寫一寡婦被居心叵測之木客誣告後，向玄壇神禱祝，玄壇神乃遣黑虎將木客咬死的《虎苑‧黑虎噬木客》、寫大旱時米價飛漲，一羅漢變為僧人，載兩船米前往賑災的《湧幢小品‧羅漢化米》、寫陳某耕牛被盜後泣訴於城隍，越三日盜牛者乃為城隍差人杖責，叫痛不已的《耳新‧盜牛者被責》、寫某司理審一殺人疑獄久不能決，禱神後得夢捉住兇犯，使無辜者獲釋的《原李耳載‧夢得正兇》、寫一重犯因僧越獄，兩日後州牧女代父祝神，神遂托夢使越獄逃僧被捕的《原李耳載‧夢獲逃僧》等。

二、明代的奇事奇遇故事

　　這個時期的此類故事，描述的大都是各種有別於常態的奇異事件和奇異經歷，往往既出人意料，又引人入勝，通過充滿魔幻色彩和怪誕氛圍的故事情節來表達民眾的愛憎，揭示民眾的願望，並且給聽眾、讀者帶來藝術欣賞的愉悅。

（一）奇事故事

　　這個時期的奇事故事，或者展現故事主角的非凡本領與道行，或者展現故事主角的人格魅力與社會影響，藉以描繪出廣大民眾期望的美好生活場景，讓聽眾、讀者受到鼓舞和激勵。這個時期的奇事故事，以《憨子雜俎‧七兄弟》最為突出：

　　　　古者，兄弟七人皆絕技，曰健大一、硬頸二、長腳三、遠聽四、爛鼻五、寬皮六、油炒七。健大看得須彌山可列家門屏幛，擔卻歸。上帝怒，敕豐隆翳追之，並獲硬頸二，以斧斫其頸，斧數易，而頸無恙。長腳三距海一萬八千里，一日夜抵家報信。遠聽四早聞，偕爛鼻五赴難。西海龍王遣數千將敵之。五以鼻涕向下一摑，盡糊其將之眼。於是，龍王親征，獲第六，直扯橫捵而皮不窘。獲第七，又入油氣鑴，炒七日七夜而體不焦。七人者終無成，老於牖下。

「十兄弟型故事」是一個名揚四海的著名民間故事類型。這一則故事，則是見諸我國現存古代文獻的唯一一篇「十兄弟型故事」，距今有三百多年光景。此則故事所描繪的身懷各種絕技的眾兄弟的群體形象，別開生面，具有很大的震撼力。不僅如此，它還在眾兄弟的人數和本領、與之抗爭的對象以及所作所為等諸多方面，給後世的民間故事創作留下了發揮想像力、創造力的廣闊空間。因此，到了現當代，其異文層出不窮，在我國各地的漢族和蒙古、回、苗、彝、壯、朝鮮、哈薩克、傈僳、黎、畬、保安等少數民族聚居區廣泛流傳，蔚為大觀。

那些具有非凡本領的，不但有在家人，而且有出家人，他們的作為，總是奇特、新穎，令讀者、聽眾感到興趣盎然，試看：

冷謙字啟敬，杭州人，精音律，善鼓琴，工繪畫。元末以黃冠隱居吳山頂上。國初召為太常協律。嘗遇異人傳仙術。有友人貧不能自存，求濟於謙。謙曰：「吾指汝一所往焉，慎勿多取。」乃於壁間畫一門，一鶴守之。令其敲門，門忽自開。入其室，金寶充牣，蓋朝廷內帑也。其人恣取以出，不覺遺其引。

他日，庫失金，守庫吏得引以聞，執其人訊之。詞及謙，逮謙將至，曰：「吾死矣，安得少水以濟吾渴！」逮者以瓶汲水以飲，謙且飲且以足插入瓶中，其身漸隱。逮者驚曰：「汝無然，吾輩皆坐汝死矣！」謙曰：「無害汝，但以瓶至御前。」

上問之，輒於瓶中應如響，上曰：「汝出，朕不殺汝。」謙對：「臣有罪，不敢出。」上怒擊其瓶，碎之，片片皆應，終不知所在。移檄物色之，竟不能得。

《己瘧編‧冷謙戲皇上》

貴州僧結庵龍虎山下，嘗赴齋市人家，倩四僕肩輿以行。至即求主人求密室閉僕，其內加扃鐍，戒勿與食。主人念僕遠來，不當令枵腹。俄間咆哮，走視之，皆虎也。驚悸毛竦，爭來言。僧但微笑。齋罷，啟鐍喚出，依然僕也，遂舉輿去。蓋始以法攝製山中虎耳。

《虎苑》卷下，「倩虎肩輿」

這兩則故事的立意各不相同，都具有一定的思想意義。前一則故事，在於顯示民眾對官府乃至皇帝老官的不滿和蔑視，後一則故事，在於顯示民眾征服自然的力量和信心，讓讀者、聽眾感到振奮。

在此類故事中還可以看到，有些奇事的出現，是由於品德高尚者的行為打動神明所致。他們為了公眾利益不惜錢財、性命，足以驚天地，泣鬼神，大都感人至深，非常富有教育意義。試看：

> 嘉靖戊午，倭寇閩中死亡無算。林龍江先生鬻田得若干金，辦棺收葬。時夏月穢氣逆鼻，役從難前，請命龍江。龍江云：「汝到屍前，高唱『三教先生來了！』」因語往，香風四起，一時卒殮，亦異也。
>
> 《香乘》卷十二，〈香起卒殮〉

> 萬曆己酉五月十四日，揚子江心風浪大作，有渡船載百餘人，幾覆。忽見浪中有鬼面者持一牌起書「金」字一字。眾謂必有金姓者在舟當死。果有姓金者一人，眾欲推之入水。金本持齋誦經，乃曰：「若活眾命，吾何惜死，然數止此安能倖免！」乃躍入水中。時風狂舟速，金彷彿若有人扶之出巨浪，送上郭璞墓墩，而立見舟翻覆，俱溺死，獨金得生。江右劉觀南觀察親見其事。
>
> 《徐氏筆精》卷八，〈金字牌〉

這兩則故事都比較短小，卻包含一定的道德力量，使讀者、聽眾隨著故事情節的推進而受到感染，得到啟示和教益。前一則故事不帶任何說教意味，尤為真實感人。

除上述作品外，這個時期的奇事故事尚有寫某知府命卒持牒入山捕虎，焚牒虎至，虎隨卒入城受責杖，乃循故道而去的《已瘧編・于梓人》、寫某家娶婦入門時轎內空空如也，後竟得新婦於荒冢中的《菽園雜記・新婦失踪》、寫一賈人外出時將藏有積銀之甕埋於地下，其子竊發，甕中惟有清水，其父歸後甕銀卻不減的《見聞紀訓・賈人瘞銀》、寫某官因夢虎被三矢而捉住謀殺貧士之兇犯，乃得還冤婦以清白的《虎苑・夢虎三矢》、寫一道士掘井湧出醇酒以答謝店主賜酒情意，逾三年其家致富，

店主竟嫌酒無糟，道士遂使井不出酒的《雪濤小說・心高》、寫一神人驅石奔海，為所遇老姥道破，群石竟不能動彈的《湧幢小品・奔石》、寫一夜石雕婦人去某家竊食水漿，其家主人以刀中之，次日見一石婦腰下兩斷，方知其異的《湧幢小品・石婦》、寫杭城某婦游西湖後產下一毬，被西南人厚價買去剖作數片，視之皆西湖風景的《耳新・西湖景毬》等。

（二）奇遇故事

這個時期的奇遇故事，大都描述士農工商多種故事主角的各式各樣的奇異經歷，包括遇見神明、仙家、異人以及其他奇特的見聞與際遇，具有較強的神秘感和吸引力，讓聽眾、讀者有所感悟，受到啟迪，並且得到藝術欣賞的滿足。

有關拜見神明、仙家的奇遇故事，試看：

> 陽山惠瑤說：其鄰居一小民，以事之京師，還至張家灣附船。時方黎明，見河中一船甚大，貴人冠服坐其中，侍衛者十數。民趨拜船所，言欲往蘇州，求附載。貴人曰：「吾船今到蘇州爾。」即命載之。
>
> 民坐船尾，良久，覺困倦，乃脫所著草屨置身畔，以衣囊為枕暫睡，不覺沉鼾。寢寤開目，乃見身臥草野中，囊籍首如故，而草屨不見。驚起視，日猶未晡。行出官道，問人：「此何處？」曰：「楓橋也。」益大駭，循途走至閶門，入一廟中少憩，舉首見神像，儼如舟中貴人。屋偏掛一船，與向所見妝飾不加異，但加小耳，船底及櫓皆濕。探其尾，則草屨在焉。竦栗下拜，問之巫祝，云：「宋相公廟。」

《庚巳編》卷六，〈神船〉

> 國初平陽金箔張者，以世造金箔得名。其子二郎聰雋不凡，少遇仙流，授以《鹿盧蹻經》一卷，遂得乘蹻之術。閭里駭其所為。一日有羽衣人過其門，曰：「家師亦挾小奇術。二郎不棄，明日遣騎相迎。」黎明，果有兩童子，各乘一龍，自雲中下；復牽一龍，請二郎乘坐。龍獰甚，昂首不伏。童子出袖中軟玉鞭鞭之，二郎乃

騰身而上。行數里,至一山谷中,極花木泉石之勝。俄達茅庵,羽衣人已在門矣。傳呼延入,見一道人龐眉古服,坐匡床之上,雙足卸挂壁間,相去猶尋丈也。二郎欲拜,道人曰:「且上勿前。老漢久卸膝蓋骨以自便,倚足於壁,不踏世上紅塵矣。今日不免為郎君一下床也。」於是揮手招壁間,雙足自行,前著膝上,輻湊如常人。遂下床,具賓主禮,呼室中童子煮新茶供客。茶至,則一無首童子也。道人責曰:「對佳賓,乃簡率若此乎?可速戴頭來!」童子舉手捫其頸,遽入室取頭戴之,復出,供茶如初。

《獪園》「金箔張」

這兩則故事,一則故事描述一個平民遇到神靈,得其幫助神速返回故里,一則故事描述一個少年乘龍入山,拜會仙家的所見所聞,其幻想色彩濃烈,富於神祕感,都頗為有趣。

有關天賜財富的奇遇故事,試看:

豐都熊存為予弟子遠說:其鄉一村落中,有蛇出為患,不知所從來,其大如碗,長數丈,惟以噬雞雛、竊飲食而不傷人。人求而殺之,不可得。

村中僧寺有隙地,一人賃而藝為圃有年矣。一旦,執鋤耘草,見巨蛇蜿蜒而至,亟運鋤斫之。蛇鑽入穴中,僅傷其尾,而鏗然如擊銅鐵聲,就視之,乃散錢數千布穴口。其人疑蛇為錢所化也,呼妻及弟併力掘之,深丈許,得錢一缸,約數十萬,悉擔歸於家,頓成富人。蛇自是不復見矣。

《庚巳編》卷四,〈錢蛇〉

嘉靖時,杭人張姓者,自幼為小商,老而積金四錠,各束以紅綫,藏於枕。忽夜夢四人白衣紅束,前致辭曰:「吾等隨子久,今別子去江頭韓餅家。」覺而疑之,索於枕,金亡矣。躊躇嘆息,之江頭詢韓,果得之。張告韓曰:「君曾獲金四錠乎?」韓驚曰:「君何以知?」張具道故。韓欣然出金示張,命分其半。張固辭

謝，遂出門。韓留觴之，舉一錠分為四，各裹餅中，臨行臚之。張受而行，中途值乞者四，求之哀，各濟以餅一。四乞者計曰：「此餅巨而冷，不可食，何不至韓易小而熱者乎？」遂之韓，韓笑而易之。

《古今譚概》雜志部第三十六，〈張生失金〉

　　這兩則故事，一則故事寫蛇患的出現，與有福之人得到財富直接相關，一則故事寫和錢財有緣之人，即使將其贈與他人，終將回到此人手中。這兩則故事都包含一些宿命論的觀念，在當時本不足為奇。但是，其中展示的耘草人敢鬥蛇妖的無畏氣概，賣餅人不貪錢財的坦蕩襟懷，卻讓人佩服，無疑也具有某種積極的社會意義。

　　有關杜絕貪念的奇遇故事，試看：

　　朱筆峰，昆山人，與余同官閬臬，嘗言：其家塾師之父楊姓者，一日坐於門，見一婦人過，墜一銀簪於街石上，鏗然一聲。伺其去遠，就其所視之，不見，止見一蚯蚓在石罅間。

　　跼蹢良久，俄一男子過其所徑，俯掣之。楊老乃高聲曰：「此吾所墜簪也。」其人知其偽。楊老隨而牽其衣不釋。其人乃取銀二分，以一買魚一尾，以一付之，曰：「老者休纏，將此銀沽酒煮魚，作一夜消可也。」

　　楊老乃歸，置魚釜上，買酒一壺，令其媳煮魚暖酒間，忽鄰貓突跳釜上，媳以杖撲貓，貓竟銜魚去。因覆其酒，而並盛魚器碎焉。人皆憐而笑之。

《見聞紀訓》「簪化蚓」

　　福州王生者，來臨安省其兄，止宿六和塔下。次早起行，大雨如注，山水湧出，見空穴中推出金牌六面，拾而懷之。窺見穴中堆積金銀無數，急以土石室穴口，志其處，奔告其兄，將欲取之。日暮往訪，竟無踪跡，仍宿塔下。夜夢金甲，神人怒而呵之曰：「荷君封我金穴，已捐金牌六面酬之矣。安得復生覬覦？」其人驚覺而去。

《幽怪錄·王生金穴》

這兩則故事，一則寫故事主角企圖將他人遺失的銀簪據為己有，竟引出雞飛蛋打的可笑結局；一則寫故事角覷覦穴中大量金銀而遭到神人怒斥。它們都通過生動有趣的奇遇故事，告誡世人不可有貪念，對於並不屬於自己的財物，切不可有非分之想。

除上述作品外，這個時期的奇遇故事尚有寫賣酒某翁常請一道人飲酒，不取分文，一日被道人領至山中小住，還拓壁間畫梅一軸為贈的《異林‧安翁遇仙》、寫數軍士被大風飄至島上，讓一黑面獰醜巨人系於樹下，眾人乘間逃生時，掣刀斷巨人攀舷手指乃得駛去的《西樵野記‧海島人》、寫土地兩次遇見小民于某，都說于某將死，不久鄰村一於姓人落水死，而于某竟無恙的《庚巳編‧村民遇土地》、寫楊某歸途中遇暴雨，乃撐雨與一穢癩者同行，殊無難色，其人施術讓楊某頷下大瘤轉至背上的《湧幢小品‧掐瘤》、寫一僧攜犬化齋，施主不給犬食，一掌炊者卻與之，僧人乃領掌飲者立犬背飄然而去的《耳新‧攜犬僧化齋》、寫周某經人指點，至某干府拜一仙人為師，追隨數年，遂得長生的《耳新‧周仙》等。

第二節　明代的神異故事（二）

三、明代的寶物故事

這個時期的寶物故事，大體上沿襲了隋唐五代以來此類故事的藝術構思和發展態勢，內容以描述本土的與外來的收寶人覓寶為主，從不同的方面揭示寶物的特異性和神奇功能。這個時期的寶物故事，數量不多，但不乏引人入勝的佳作。試看：

> 弘治中，有回回入貢，道山西某地。經行山下，見居民男女競汲山下一池。回回駐行，謂伴者：「吾欲買此泉，可往與居人商評。」伴者漫往語民，言烏有此，買水何庸，且何以攜去。回回言：「汝毋計我事，第請言價。」民笑漫言：「須十金。」回回曰：「諾。」立與之。眾曰：「戲耳。須二十金。」回回曰：「諾。」即益之。民曰：「戲耳。烏有賣理！」回回怒將相擊。

民懼，乃聞於縣。縣令亦令給之曰：「是須三千金。」回回曰：「諾。」即益之。令又反復言四千以至五千。回回亦益之。令亦懼，以白於府。守令語之此直戲耳。回回大怒，言：「此豈戲事？汝官府皆許我，我以此已逗留數日。今悉以貢物充價。汝尚拒我，我當與決戰！」即挺兵相向。守不得已，許之。

回回即取椎鑿循泉破山，入深穴得泉源，乃天生一石池，水從中出，即舁出將去。守令問：「事即成，無番變，試問此何物耶？」回回言：「若等知天下寶有幾？」眾曰：「不知。」回回曰：「金貝珠玉，萬寶皆虛，天下惟二寶耳，水火是也。假令無二寶，人能活耶？二寶自有之，火寶猶易，唯水寶不可得。此是也。凡用汲者，竭而復盈，雖三軍萬眾，城邑國都只用以給，終無竭時。」語畢，欣欣持之以往。

《語怪‧水寶》

粵中有老人業屨者，坐旁置一大石。一日有一收寶者見之，欲出厚值買去。其人不省所以，堅不與。自後因藏其石。已而悔之。

閱數月，收寶者複至，乃出以觀，遂連稱可惜。其人問故。答曰：「此中有異馬，無價之寶，以子日對之業屨，有草以為養，故得活，今餒死其中矣！」

其人不信，剖碎之，果有馬死其中。

《耳新》八，〈寶遺〉「石中異馬」

這兩則故事，構思均頗為巧妙。前一則故事情節曲折，通過三次議價，凸現覓寶人對水寶的無比重視，故事在做了充分鋪墊之後，才正面揭示寶物的神奇功能，讓人嘆為觀止。第二則故事篇幅短小，主要描繪覓寶者到賣草鞋老人處的兩種表情，通過對比來彰顯石中異馬的奇妙。而對寶物的功能與價值，則沒有正面描寫，給人留下了遐想的空間。

這個時期的寶物故事，尚有寫土人趙某得一寶刀，每逢地方將有變故則刀出鞘寸餘，趙賴其靈驗而守邊無敗事的《菽園雜記‧趙妥兒得寶刀》、寫某人購得田間掘出之銅鴨，放入其家隱有鴨形古銅盆中，注水後

鴨輒自浮而浴，遂以為奇寶的《庚巳編・古銅鴨盆》、寫江陰一米商女將所得神丹置於伯母屍體上，讓其立即復生，竟受到神人怒斥的《高坡異纂・神丹》、寫一夷使以百金購得一枯楊樹根，因此根久取所棲白鶴之精，略取火燒生煙，即有白鳥飛集的《耳新・枯楊樹根》等。

四、明代的人神戀情與交誼故事

這個時期描述人神之間的戀情和友情的故事，數量都比較少，但大多感情深厚，率真有趣，能夠給讀者、聽眾留下鮮明印象。試看：

> 錢塘一士人，少年狂蕩，其妻早亡，獨居廓處。偶於市中購得唐解元絹畫《桂花仙子圖》一軸，懸之書齋・日夕倚案，瞪目注視，念欲得佳偶如圖中人。凡園有花果，必采擷以薦。一夕，有女郎年可十六七，容顏嬌麗，裳衣輕妍，從月色中來。士人詢其居止，笑而應曰：「家在牆東。」士人心意東鄰無是子也，但貪慕艷色，狂不自製，擁之入幃，妖態橫生，曲盡歡昵。凌曉，趣辭去。定昏之後，復來。自是夕夕無間。每至，則室中起靈香，枕席皆芬。時說蓬萊閬苑之事，士人頗訝異之。
>
> 經數旬，而內外親表，及臧獲輩，竊竊倚聽，穴壁而窺，乃絕代姿首，世所無也。驚為狐魅之屬，乘士人他出，陰引南昌道士來治之。道士吐匣中青蛇，遍索，因指此圖謂曰：「非爾為祟耶？可嘗吾劍！」忽應曰：「身是崑崙山女，與此郎有累世姻緣，是以暫諧繾綣耳。卿有何禁術，而欲制我乎？」復語其臧獲輩曰：「君今如此行徑，不可留矣！」其聲若出畫中也。語未畢，道士裂睛上視，持劍自抵其胸，反走出門。家人忙怖號叫，急謀焚毀此畫。俄頃畫晦，忽有怪風暴起，雲埃四合，瀰漫一室。移時朗然。閱其像，神如洗矣，隱隱漸失所在。久之，空軸而已。里中數歲小兒，並見綃衣神女，羅襪行空而去。士人歸，驚訊其事，方悟神仙之游。臂妝衣香，氤氳不散者經月。淒戀宛轉，凝望無聊，乃

延畫師好手數十家，重寫其真，莫能彷彿，於是乃止。終身不復琴瑟焉。

《情史》卷九情幻類，〈桂花仙女〉

傅仲良，洪武間，冬日從如臯縣回。時值大寒，見一人臥路傍，蓬跣襤縷，寒顫不已。仲良憫之，攜至家，燕以爐火，不就；與之食，亦不受。因令藉草而臥。天明，失所在矣。几上但留一紙，列藥五十九品，仍書紙尾云：「留此方治風疾，用以報汝。」仲良依方製藥，遇有風症者，治之輒效。名曰「急風一字散」，至今猶傳。

《湧幢小品》卷二十九，〈一字散〉

這兩則故事的內容各不相同。前一則故事寫人神戀情，圍繞畫軸的購得和失去，將錢塘士人與桂花仙子的一段溫馨的戀情以及由此引出的波折，描繪得真切、生動，足以打動聽眾、讀者，使其為之嘆惋。後一則故事寫人神友情，描述仙家留下藥方以答謝好心人的憐惜與關照，說明真誠的友好情誼，足以跨越人神界限，而彼此間的情愫將永存於世。

除上述作品外，這個時期有關人神戀情和交誼的故事尚有寫王某行賈時有美女入室與其燕好，久而成疾，後發現其為城隍廟延壽司捧香合女，廟祝知而毀其像的《說聽・捧合香女》、寫神祠二卒奉使行路飢渴，僕人楊某飲之以酒，他日楊某詣東岳燒香時，受二卒款待的《庚巳編・楊寬》，寫道士空同山人還山辭行時，出藥使友人盧某遍體瘡盡膚潔，還授藥令其日後煉出白銀以供數月之用的《庚巳編・空同山人》、寫岳某拒絕應召，變化容顏而躲過官校圍捕，向主人辭行時將其二器變為金器的《高坡異纂・岳嵩》等。

五、明代的報應故事

明代的報應故事，延續了隋唐五代和宋元時期同類故事的發展趨勢，並且出現了一定的新特點、新變化，主要表現在幻想性的削弱和現實性的

增強。這個時期的報應故事，無論善報故事，還是惡報故事，作品數量都不少，惡報故事的數量尤多。

（一）善報故事

這個時期的善報故事，大都描寫好心腸的人們行善積德，均係其品格使然，絕非為了得到好報。但他們的行為往往感動上蒼，得到神助，遲早終有好的回報，以美滿的結局告終。譬如：

> 豫章米賤，丁亥大侵，米貴至七錢。戊子春新建縣一民鄉居窘甚，家止存一木桶，出貨之得錢三分，計無所復之，乃以二分銀買米，壹分銀買信[1]。將與妻孥共一飽食而死。炊方熟，會里長至門索丁銀，無以應之。里長者遠來而飢，欲一飯而去。又辭以無，入廚見飯，責其欺人。人搖手曰：「此非君所食。」愈益怪之，始流涕而告以實。里長大駭，亟起傾其飯而埋之，曰：「若無遽至此，吾家尚有五斗穀，若隨我去，負歸舂食，可延數日，或有別生理，奈何遽自殞為！」
>
> 其人感其意而隨之，果得穀以歸，出之則有五十金在焉。其人駭曰：「此必里長所積償官者，誤置其中。渠救我死，我安忍殺之！」遽持銀至里長所還之。里長曰：「吾貧人，安得此銀！此殆天以賜若者。」其人固不肯持之去，從之，乃各分二十五金。兩家俱稍饒裕矣。
>
> 《二酉委譚・鄉民得金》

> 景定間，清河坊扇店有一道人求補扇，店主乃與一新扇，道人感之，題詩扇板曰：「一輪明月四時新，一握清風煞可人。明月清風年年有，人世炎涼知幾塵。」題畢，擲扇而板厚數寸，墨跡直透於背，觀者紛紛買扇，比常十倍，遂致富。未幾，道士復來，以袖拂之，字滅不見。
>
> 《幽怪錄・扇店道人》

---

[1] 信：砒霜的別名，亦稱「信石」。因出信州，故名。

這兩則故事，均直接間接與錢財有關。後一則故事寫店主不重錢財，善待仙家，仙家投桃報李，使店主致富，以神奇手段給聽眾，讀者帶來思想啟迪和欣賞樂趣。前一則故事的幻想色彩遠不及後一則故事濃郁，然而卻更為真實感人。里長急人所急，一見鄉民有危難，當即毫不猶豫地解囊相助，儘管自家也不寬裕。而鄉民亦重情義，當發現谷中藏金時立刻奉還。他們所體現的高尚品德，感人至深，對於啟迪世人、淨化民風頗有裨益。又如：

> 鎮江衛左所軍士范某，妻患瘵疾瀕死，遇道人與之藥，云：「用雀百頭，以藥米飼之，至三七日取其腦服之，當瘥。然一雀莫減也。」范如數買雀養之，有死者則旋買之以充數。未旬日，范以公差出，妻覩雀嘆曰：「以吾一人，殘物命至百，甚不仁也。吾寧死，安忍為此。」開籠放之。夫歸怒責其妻，妻亦不悔。已而病瘥。初，久不產育，是年忽有妊，生一男。男兩臂上各有黑瘢，宛如雀形，一飛一俯而啄，羽毛分明，不減刻畫。蓋冥道以此示放雀報云。

> 《庚巳編》卷八，〈雀報〉

> 龍丘山農家窶甚，里胥至，欲烹抱雛母雞為供具。胥恍惚見黃衫女前拜乞命，俄失所在。入屋見其家縛雞，胥不許。去數日復來，雞已抱出一群，雛見胥飛鳴，作相感狀。胥出門遇虎，幾欲近，忽一雞飛撲虎眼，胥得逸去。卻還其家，已失雞。問之，云朝來飛去。胥具述虎事，共往尋之，雞已折翮斃草間。自是山中不復食雞。

> 《虎苑》卷下，「雞報里胥」

這兩則善報故事都與保護動物有關，而所保護的對象均為禽鳥，與人類非常親近。前一則寫故事主角——一個重病在身的婦女為了保全一百隻雀兒的性命，竟置自己的生死於不顧，而其重病竟癒，並且喜得貴子；後一則寫母雞為了報答不殺之恩，竟拼命相救，使故事主角免遭虎噬，山民

也從此不復食雞。這兩則故事均篇幅短小，情節簡單，因其表現了人間的真情，突顯出仁愛之心，都能深深地打動聽眾、讀者。

這個時期的善報故事，尚有寫某地大火三日，一家姑婦二人因受所供奉之斗神庇佑，其寡居小樓竟巋然獨存的《庚巳編·斗神救災》、寫一嫗夜夢黑衣人求救，次日即以十八文買鱉放生，因而增壽一紀（十二年）的《說聽·放鱉增壽》、寫呂某求東嶽鬼卒讓其將三件未了事做完再捉拿他，待他將三件善事做完，加壽二十年，已不再被捉的《昨非庵日纂·三件善事》、寫台州民王某祭廁神極勤，廁神乃使其聽懂螻蟻言語，於柱礎下得白金十鋌的《昨非庵日纂·祭廁神獲報》等。

（二）惡報故事

這個時期的惡報故事，大都寫品質卑劣、居心不良者明裏暗裏為非作歹，為了一己私利而誣諂善良，毀壞寺廟，殘害生靈，奸淫婦女，殺人越貨，忤逆不孝，從不計後果。他們的行為往往使得天怒人怨，最終都遭到報應，受到嚴懲，絕不會有好下場。譬如：

> 常熟之直塘有錢外郎者，險人也，家居武斷鄉曲。其里中有婦曰趙重陽，色美，錢心慕之，且以其夫貧可餌。一旦召語曰：「聞爾有幹局者，何乃坐守困窮，吾貸爾錢販布如何？」夫幸甚，即以資易布，使商於臨清。錢遂與婦通，豫居貨以待夫歸。歸一二日輒具舟遣之。如是者數矣。里人皆知之，而夫了不覺。
>
> 一日在客邸與同伴爭詈，為發其事。夫忍恥歸，錢又如前遣之。既行，至木梳巷，潮落不能去，復暫到家。錢方擁趙暢飲，見之愕然。夫慚且怒，然憚錢之強不敢發，旋回舟中。錢陰與趙計，夜遣人詐為盜殺之，而以被盜聞官。夫之族人知而發其謀。
>
> 縣令楊子器逮兩人鞠之不承，姑繫之獄。自是數月亢旱，桑通判民懌為子器曰：「君知所以不雨乎？坐趙重陽獄未決耳。君能雪此冤，雨今至矣。」子器大悟，立加嚴刑，始款服。少時大雨如注，闔縣歡呼，以為神。

錢遂訴之上官，移獄於府。居歲餘，有劫盜十餘人入獄。錢享以酒肴，從容誘之曰：「吾知爾輩不過一死，能為我認劫殺商人事，於爾罪無所加，而可以脫我，當厚給爾。」盜許之，及被訊時，具款首，一如錢指。錢乃援盜詞以辯，太守新蔡曾公鳳召子器詰之。子器力言其故，曰：「彼直巧為營脫耳。」於是計不行。

錢又訴於朝，下南京三法司提問。錢已略要津為內援，竟以盜詞為據，錢與趙皆幸免。方出都門，少憩。是日天色晴明，忽疾雷一聲，兩人皆震死。一時哄傳為奇事。由此觀之，天道甚邇，可謂茫茫乎！

《說聽》卷下，「雷震錢外郎」

弘治庚申，太倉孫廷慎行販安吉，往來皂林，見巡司獲盜三人，其人是彼處大族伍氏家丁也。蓋其家每歲畜蠶多，桑薄，飼之不繼，因棄蠶十餘筐，瘞之土窖中，三人仍駕船往市桑葉不得。舟還途次，忽一大鯉躍入舟中，約重數斤。三人喜其罕得，載歸饋主。

舟經皂林，巡司異其小船而用兩櫓急駕，疑之，遂追捕至，檢其外，見頭倉有人腿一，三人自相驚駭。巡司即縛解浙江臬司，拷掠甚至，詰其身屍所在，三人不勝鍛煉，訴辯得魚之故，變異之端。主司不信，三人者不得已而認之，云殺人，身屍見埋在家隙地內。

主司即命吏卒人等押至其家，妄指一地發之，正是瘞蠶之處，蠶皆不見，惟見一死屍，身軀完全，乃少一腿。事之符合，並家主俱抵罪。

《客坐新聞》卷七，〈蠶神報冤〉

這兩則惡報故事，都與殘害生命有關，而且都具有情節曲折，描繪生動的特點。前一則故事敘寫錢某為人險惡，是個作奸犯科的老手。他不但敢於淫人妻室，並買兇殺人，置民婦之夫於死地，而且其人善於開脫，相繼買通死囚為其頂罪，賄賂上級贓官為其庇護，雖劣跡斑斑卻被釋放。

然而天理昭彰、惡貫滿盈之錢某及淫婦趙某，最終被雷震死，絕沒有好下場。後一則故事敘寫養蠱人為了錢財，遂大量活埋家蠱，殘忍之極。此舉很快遭到報應，無端引來命案，愈陷愈深，最後竟被抵罪。這兩則故事均帶有幻想色彩，但後一則的幻想色彩較為濃郁，而且富於變化。又如：

　　正統間，郡吏張一者，領上官檄如松江，經常熟，避雨一農舍。其主知其吏也，延坐，烹肥割鮮，意甚殷勤，遂宿其家。陰雨連綿，留三日乃去。臨別依依不忍分手。吏初感之。及還，思其家充裕，忽起惡念曰：「是可以術餌也。」教獄中強盜誣指之，而復使人往報，曰：「可來豫計也。」其人恐，遂求救於吏。吏索金百兩，曰：「我為汝營脫。」其人欣然與金，乃斃其盜而解之。

　　其家甚德吏，初不知詭謀也，愈益親之。未幾吏死，其人夢吏衣冠入門，覺語妻曰：「張提控何為而來乎？」是日母牛產一犢。吏之子夢其父告曰：「吾向者詐取某人財，今被冥司降罰為其家牛，汝可贖還，毋洩，恐為人笑也。」

　　其子遣僕持厚價托言：「吾主棄吏業農，使我市牛。」其人謝無有，則謂之曰：「公家犢可用乎？」其人不可，乃還。其子又夢父曰：「彼必不售，當以情懇。」子如其言，遂得牛。飼之若父，數年死。

　　　　　　　　　　　　《說聽》卷上，「郡吏變牛」

　　弘治初，汴城張羅兒家歲朝具果餌供祖，越兩日漸少。張疑之，夜伏几下窺伺。至二更，有白狐來盜食。張急起迎狐。狐忽變為白髮老人。張即以父呼之，食飲甚設。狐喜云：「吾兒孝順。」為之盡醉。遂留不去，凡有所須，必為致之。

　　甫三歲，資盈數萬，乃構廣廈。長子納官典膳，次子為儀賓。富盛既久，張忽念身後子孫若慢狐，狐必耗吾家矣，乃謀害之。戲指窗隙及物空中云：「能出入手？」狐入復出，試之數四，狐弗疑也。乃誘狐入瓿，閉置湯鑲內，益薪燃之。狐呼曰：「吾有德

於若，反見殺耶！人而不仁，天必殃之。乃公閱歲三百，今為釜中魚，悲乎！」

狐死之三日，其家失火，所蓄蕩然。逾年，次子酗酒殺人，斃於獄。又明年，閤門疫死。人以為害狐之報云。

《說聽》卷上，「張羅兒」

這兩則惡報故事，受到嚴懲的無一不是恩將仇報的傢伙。所不同處在於，一則故事的受害者為農家，一則故事的受害者為狐精；一則故事的得報者變牛，一則故事的得報者家毀人亡。兩則故事對反面人物張一、張羅兒這樣的卑鄙小人的齷齪心腸和諸般醜態均作了生動具體的刻畫，落墨不多，卻頗鮮活。再如：

昆山五保張某，兄弟業瘍醫。凡求療者，必之弟而不之兄，由是弟日饒，兄日雕落。兄妒之，欲俟其出，將甘心焉。一日，買舟入城，兄預匿舟中，行至新洋江，忽起，捽其弟。舟人懼，急搒舟就岸，得逸去。將訟，縣有父老曰：「彼無天理而害汝，今計不行，是有天理也。若訟之，且將拘繫證佐，必貽害舟人，不如且止。」從之。未幾，兄一夕睡至旦，目不能開，竟成瞽疾而死於貧。人以為不道所致云。

《菽園雜記》卷八，「兄弟瘍醫」

董太史云：一姚江書生，使其館童入內，從主母索一絲髮。主母怪之，便從屋後馬坊中摘取牡馬尾鬃一根持與。其人至夜書符作法，坊中之馬不勝淫怒，掣斷繮勒，奔號至書舍中，直突書生。書生惶遽，便跳上屋梁。馬亦躍上，棟宇牆壁悉被蹢圮。書生乃穿屋而下，疾走投瞽井中。馬亦隨入，尋被嚙死，見者稱快。

《古今譚概》顏甲部第十八，〈姚江書生〉

這兩則惡報故事的內容不同，風格各異。前一則故事寫一是傷天害理者欲置其弟於死地，其弟卻寬容大度，顧及舟人而不告官，然其人仍然

遭到報應，眼瞎而亡。後一則故事寫一淫邪書生書符作法，欲戲弄主婦，卻陰差陽錯，使公馬狂奔入室，令其人驚恐萬狀，最後竟被咬死。如此報應，無不讓人拍手稱快。

這個時期的惡報故事，尚有寫福州知事沈某專任捕盜，常殺人取財，一日數十冤鬼立於前，其人不久便疽發背而死的《寓圃雜記‧沈協殺人》、寫李某素好刁訐，人畏之如虎，晚年其家連死五人，李某亦感疾身亡的《寓圃雜記‧木城李某》、寫觀潮前夕，江干民聞空中語稱兇淫不孝之人當死於橋上，後果然如是的《幽怪錄‧江干民》、寫一舟人夜聞鱉語稱賈某非仁者，必敗，不三四年果見其敗的《幽怪錄‧張公鱉》、寫鄉民吳恂借人白金千五百兩，賴帳不還，因此被人詛咒，其妻遂得怪疾的《庚巳編‧吳恂》、寫王某父子不將九尾魚賣與他人放生，竟烹而啖之，是夕大水突至使王某父子喪命的《庚巳編‧九尾魚》、寫鄧某放高利貸盤剝鄉里，使小民家破，其人死後變牛，常受鞭笞的《說聽‧鄧成十六》、寫虞某年少美豐而好淫，被其奸污婦女不下五六十，後被城隍鞭撻，雙腿潰爛身亡的《快雪堂漫錄‧虞生》、寫固原一民婦事其姑不孝，姑入廟叩神，民婦竟化為一驢，惟留一面兩乳的《穀山筆麈‧逆婦變驢》、寫劉某毀寺欲拓展其私宅，竟被雷震，身首異處的《徐氏筆精‧雷震毀寺》、寫一婦養姑不孝，以蚯蚓為羹與食，忽被雷擊變白狗，後乞食而死的《昨非庵日纂‧河南逆婦》等。

第二章　明代的幻想故事（下）

第三節　明代的精怪故事

明代的精怪故事，無論從數量上、質量上看，都比隋唐五代時期和宋元時期的同類故事遜色。其內容包含人精戀情與交誼、精怪為祟、驅精除怪等幾個方面，作品數量都比較少。這個時期呈現在故事中的精怪以動物為主，計有狐、鹿、虎、犬、馬、貓、鼠、雞、猿、猴、蟒、蛟、蝎、蝦蟆等，還有樹木、銀杏、芭蕉等植物以及筆、劍、笤帚、剪刀、金釵泥塑、石人、木偶、筷子、斛概[2]等無生物。

一、明代的人精戀情與交誼故事

明代有關人精戀情的故事，精怪多為陰性，與之相戀的，既有在家人，也有出家人，其結局大多帶有悲劇性。試看：

> 生王二，隴州人。其居在黑松林跑谷，世以畋獵射生為業，用是得名。因與眾逐鹿，至深崖，迷失道。正徬徨次，遇女子度水來。年少貌美，而身無衣袽，視王而笑。王平生山行野宿，習見怪物，雖知為非人，殊無懼色。咄之曰：「汝鬼耶，怪耶？」女又笑而不答。良久，乃問王曰：「爾何人？」王始稍敬異，揖而言：「本山下獵徒。今日逐鹿失踪，致墮茲處，生死之分，只在頃刻，願娘子哀之！」女曰：「隨我來，當示爾歸路。」遂從以行。登絕高巉岩之峰，涉回環過膝之水，塗經犖確，足力不能給。女不穿

---

[2] 斛概：斗刮子。

履，步武如飛。到一洞，有大石室，境趣邃寂，如幽人居。不聞煙火氣，寢室尤潔雅。王顧旁無他人，戲言挑之，欣然相就。夜則共榻，晝則採果實以啖之。居月餘，王念母之供養，以情泣告女曰：「我欲暫歸，徐當復相尋。」女許諾，送出官道乃別。王感其意愛，他日再訪焉。試與之語，邀同歸。略不嫌拒，攜手抵家。王妻趙氏，已有三男女矣。此女又生兩子，與趙共處甚雍睦。逢外客至，必驚訝斂避。或獨步入山，經月不返。終不火食。王亦任其去留。後二十年猶存。

《情史》卷二十一情妖類，〈生王二〉

　　洪武間，本覺寺有一少年僧，名湛然，房頗僻寂。一夕方暑，獨坐庭中，見一美女，瘦腰長裙，行步便捷，丰姿綽約，而妝不多飾。僧欲進問，忽不見矣。明夜登廁，又過其前，湛然急走就之，則又隱矣。自是惶惑殊深，淫情交引，苦思不置。越兩日，又徐步於側，僧急牽其衣，女復佯為慚怯之態，再三懇之，方與入室。及敘坐，漸相調謔，竟成雲雨。問其居址姓字，女曰：「妾乃寺鄰之家，父母鍾愛，嫁妾之晚，今有私於人，故數數潛出，不料經此又移情於汝。然當緘其事，則交可久；不然，彼此玷矣。」僧喜，唯唯從命。於是日去暮來，無夕不會。

　　僧體枯瘦，氣息憫然，漸無生氣，雖救治，百端罔效。一老僧謂曰：「察汝病脉，癆瘵兼攻，陰邪甚盛，必有所致，苟不明言，事無濟矣。」湛然駭懼，勉述往事。眾曰：「是矣。然此祟不除，則汝恙不愈。今若復來，汝伺其往而踪跡之，則治術可施也。」是夕女至，僧仍與合，將行欲起隨送，女固止之。翌日告眾。眾曰：「明夜彼來，當待之如常，密以一物置其身，吾輩避於房外，俟臨別時擊門為約，吾輩協力追尾，必得所至，則祟可破矣。」湛然一一領記。

　　後二夕，湛然覺神思恍惚，方倚床獨臥，女果推門復入。僧與私褻，益加款曲。雞鳴時，女辭去，僧潛以一絨花插女鬢上，又戲擊其門者三。眾僧聞擊聲，俱起追察，但見一女，冉冉而去。眾乃鳴鈴誦咒，執錫持兵，相與趕逐，直至方丈後一小屋中，乃滅。

此室傳言乃三代祖定化之處，一年一開奉祭，餘時封閉而已。眾僧知女隱跡，即踴躍破窗而入，一無所見，但西北佛廚後爍爍微光。急往燭之，則豎一敝帚耳。竹質潤滑，枝束鮮瑩，蓋已數十年外物也。眾方疑惑，而絨花在柄，可共信之。乃持至堂前，抽折一管，則水流滴地。眾僧駭異，明燈細視，管中非水，實精也。湛然見之，悔懼不已。

《情史》卷二十一情妖類，〈笤帚精〉

　　這兩則故事在內容、題旨、風格諸方面都有明顯的差異。前一則故事敘寫鹿精與獵人的戀情，幻想色彩不濃，具有較強的寫實性。整篇作品清新素雅，意趣盎然。它描述男女主角因救助而產生感情，彼此相愛，進而結為夫妻，十分溫馨。作品對女主角鹿精的刻畫頗見功力，使其活潑、善良、大膽、深情的個性躍然紙上。後一則故事敘寫笤帚精與少年僧人的戀情，由私合、病篤、捉妖三個部分組成，情節曲折，層次分明，帶有鮮明的幻想色彩。該故事的結局充滿悲情，在一定的程度上折射出當時青年男女追求自主婚戀所受的磨難與不幸的結局。

　　這個時期的人精戀情故事，尚有寫一女歸寧後還家，途遇之綠衣少年常來與其交合，明知為妖卻不能拒，經數歲踪跡漸稀的《語怪‧常熟女》、寫蘇州陳某與自稱主家女之雞精交好，經年生疑而欲逐之，女稱將往無錫托生乃別離的《庚巳編‧雞精》、寫一蝎精借女屍為人，與喪偶布政婚配，後屢次現形，稱其為觀音菩薩救拔免死，請建一佛寺以報大士的《庚巳編‧蝎魔》等。

　　有關人精交誼的故事，數量亦相當少，大都描述人與精怪之間的相互交往與友好情分，對改善人際關係，促進社會和諧不無裨益。試看：

　　三原縣按察分司素多怪，居者輒死，使官莫敢入。士子梁澤以氣自負，常謂諸友：「吾能宿此。」諸友出錢與賭之。澤許諾，以夜入，坐堂上。三鼓月色明朗，聞廡間有人切切私語，若相推而前者，久之不至。澤便厲聲云：「何不速來！」俄有三人列跪庭下，稍前者一青衣，次一黃衣，一白衣，貌色不可辨識。

澤罵曰：「老魅敢數害人！」青衣答曰：「非敢然也，乃見
者自怖死耳。」澤曰：「汝何為者？」青衣曰：「我筆也。」問：
「居何在？」曰：「在儀門屋上第三瓦溝中。」問黃衣，低回未
言。青衣代答曰：「彼金釵也。在庭中槐樹下。」問白衣，曰：
「我劍也，在堂東柱礎下。」澤曰：「汝等今來，為欲相苦耶？」
皆曰：「不敢。」共獻一紙，曰：「此公一生履歷也，今報公，令
前知。」澤受而麾之曰：「去。」三物各投所言處，一時都滅，澤
便臥。

達曙，諸友忖謂必死，來見之，驚。澤為說向所見，未信。
去，將人操鍤來，按次求之，盡得三物。出其紙，如故楮幣，都無
一字，及夕映視之，跡瞭然。從此是廨中永無害怖。

澤後登第為御史，成化間巡按山東，以監試事註誤謫官。卒如
其紙上語。

《庚巳編》卷九，〈梁澤〉

這則故事，與《列異傳・何文致富》頗有一些相似，然而較之《列異
傳・何文致富》更富有人情味，生動地表現出這些精怪非但無害人之心，
而且與人為善，多有幫助。不僅如此，兩則故事的題旨亦不相同，《列異
傳・何文致富》在於顯示財運，讓故事主角得之乃富的精怪為金、銀、
錢等，而這則故事在於展現官運，送上履歷，幫助故事主角的精怪為筆、
劍、金釵等，都具有一定的象徵意義。

這個時期的人精交誼故事，尚有寫袁某夜經廢宅遇自稱「裂娘」之黑
面婦，語間忽然不見，次日在廢宅中得剪刀一把，乃知其為剪刀精的《巳
瘧編・裂娘》、寫西山一老狐請醫官范某為二女治病，范知為異類仍授以
藥，狐及二女遂拜謝而去的《庚巳編・西山狐》、寫馮生夏夜坐齋中榻
上，忽來一自稱「焦兒」之綠衣女，馮疑而執之，女絕衣逃去，明日視其
裙角乃是蕉葉的《庚巳編・芭蕉女子》、寫太倉吳某一夕夢兩綠衣人至前
叩頭乞命，明旦出門見有人將鋸所購之兩棵銀杏樹，遂如數償還其人，使
兩樹得以存活的《湧幢小品・綠衣乞命》等。

二、明代的精怪為祟故事

明代有關精怪為祟的故事，其中的精怪或化為眉清目秀的靚男俊女，或呈現猙獰可怕的本來面目，所到之處，擾亂民宅，奸淫婦女，為非作歹，吸血奪命，無不給世人帶來痛苦與不幸，讓社會生活充滿恐怖氛圍。譬如：

> 弘治中，兗之魚台縣有民家畜一白犬甚馴，其主出行，犬常隨之。他日，主商於遠方，既去，犬亦不見。經兩三日，主輒歸，妻問其故，曰：「途中遇盜，財物都盡，幸逃得性命耳。」妻了不疑，周旋閱歲。其真夫歸，形狀悉同，不可辨。
>
> 兩人各自爭真偽，妻及鄰里不能明，乃白於縣。縣令逮兩人至，亦無如之何，皆置之獄。縣一小卒聞其事，以語其妻，妻曰：「是不難辨，先歸者殆犬精也。欲驗之，當視其婦胸乳間，有爪傷血紋即是矣。蓋犬與人交，常自後以爪按其胸故也。」
>
> 卒以白令。令召其婦問：「爾家嘗有犬乎？」曰：「有白犬，前隨夫出矣。」裸而視其胸，有血紋甚多。令知為怪，密使人以血灑其偽夫，即成犬形，立撲殺之。
>
> 令從容問卒：「汝計善矣，何從得之？」謝曰：「吾妻所教也。」令諭之曰：「汝妻不與犬通，何緣知此？汝歸第密察之。」卒歸，看妻亦有紋，比此婦尤多。以令語責之。妻窮吐實，乃知亦與一犬通故也。妻慚自縊死。
>
> 吾鄉陳都御史璚，時奉使彼中，得其案牘。周郊說。
>
> 《庚巳編》卷九，〈犬精〉

> 嘉定月浦鎮人蘇還，妻張氏，頗有姿容。一日乘船送其女甥之嫁，舟泊某港柳樹下，一男子蓬首黑面，顧張而笑。問之旁人，不見也。及歸，則見向男子至曰：「吾與汝當為夫婦。」時婦有孕不就，既產乃來，遂與交接。婦昏瞑如寐，有頃而蘇。自是無夕不

至。夫登榻，則為束縛於地。其所衣不過一襯，而時時投之，僅掩其陰，殆類市井乞丐。白晝徑出入其家，家人畏而不敢犯。夫甚愛其妻，百方祈禱，屢延術士鎮治之，數年弗效。後一羽士召將王靈官至附箕，直入井中。撈得紅漆箸一雙，及斛概一事，碎之·灰以飲婦，遂癒。蓋二物為祟也。

《情史》卷二十一情妖類，〈箸斛概〉

這兩則故事都以妖魅奸淫婦女為題材，其中的妖魅，一則故事為一隻家畜，一則故事為兩個無生物，各有特點。後一則故事描述筷子精與斗刮子精任意糟踏平民妻室，為所欲為，令人憤慨至極。前一則故事描寫主人外出時，犬精變為主人長期霸占主婦，主人歸來真假莫辨，告官後又引出案中案。這些故事中的妖魅儘管恣意妄為，得逞於一時，但終究逃脫不了被消滅的下場。又如：

貴州平越山寨苗民，有婦年可六十餘，生數子矣。丙戌秋日，入山迷不能歸，掇食水中螃蟹充飢，不覺遍體生毛，變形如野人。與虎交合，夜則引虎至民舍，為虎啟門，攫食人畜。或時化為美婦，不知者近之，輒為所抱持，以爪破胸飲血，人呼為「變婆」。歲庚寅，先君寓其地，聞之從游諸生云。

《說聽》卷下，「變婆」

寧波陳十三老人者，嘗病瘰，經年不瘥。有人教以置虎皮鎮之，乃坐臥一虎皮，十載而病如故。後忽蒙皮夜出，化虎為食，每銜畜豕至家。家人利其所有，不問也。一日自外負人股至，其姥懼曰：「老賊作怪矣。」操梧伏門外俟焉。見其蒙虎皮欲化，即出擊之。時一手尚未變，遂躍去，竟不復還。自後山行者，往往見一虎，前一足尚是人手。有知者，則呼曰：「陳十三老人，吾汝鄰也，莫作惡！」虎聞之，弭耳垂尾而去。其不識者，乃食之。如是者數年。一夕暴雷，山中震死一虎，眾視之，即人手之虎也。

《說聽》卷下，〈陳十三老人變虎〉

這兩則故事都是有關老者變為精怪作祟的故事，均見於十六世紀前半葉成書的《說聽》。前一則故事流傳於今黔南布依族苗族自治州北部一帶，是四百多年前錄寫的一則貴州苗族故事，值得珍視。它敘寫苗族山寨一老婦所變的精怪——「變婆」，或為虎作倀，攫食人畜，或化為美婦，抓人吸血，無不禍害一方。「變婆」又作「牙騙婆」、「老變婆」。有關「變婆」的故事現當代不僅在貴州、廣西等地苗族聚居區流傳，而且在貴州、廣西等地布依、仡佬、毛南等少數民族聚居區流傳。後一則故事流傳於今浙江寧波一帶，敘寫一老叟罹病十載不癒，忽蒙虎皮變虎銜食人畜，數年後方被雷擊斃。有趣的是，這只虎遇見鄰里竟不加傷害，而是帖耳垂尾離去，尚殘存一些人性。而它雖然變為老虎，卻還保留一隻人手未變，這無疑帶有一定的象徵性。再如：

> 盧秀才化成，家莘門。其姻尹某嘗宿外寢。一夕忽見男女數人，長僅尺許，謂尹云：「汝欲看《西廂記》乎？」即搬演，與優人無異。尹驚呼，盧弗聞也。明旦知之，怪復夜起。命家人操兵擊之，入床頭而沒，撿得《西廂記》一本，乃尹素所嗜者。且觀且歌，急以為枕。日久紙盡油矣，盧焚之。既而假寐，若有言者曰：「能滅我形，難滅我神。」遂時時火起旋熄。
>
> 盧有侍婢，夜見空房中燈光熒熒，晝見嬰兒臥地，首像木偶，而身如綫。一月間驟長，若年十六七者，每於窗隙窺婢。一晚竟摟入房曰：「我仙人也。」迫與合焉。以餅食婢，味似鵝油，飽三日弗餐。眾訝問，始吐實。久之，庭前牆倒，下有一蛇，意其為妖也。從是妖怪沓出，乃遷去。
>
> 《說聽》卷下，「盧秀才家怪」

> 無錫縣龍庭華家，氏族甲於江左。有宗人某，堂中大柱內忽穿二穴，常見走出兩矮人，可二三寸許。主人怪之，擇日延道士誦經為厭勝之法。兩矮人復出聽經。逐之，則又無跡。命塞其穴，而旁更穿一穴，出入如故。主人治藥弩，令奴張以伺之。既出，斃其一，一疾走去。視之，乃雌黃鼠也。少頃，忽有矮人百餘輩出與主人索命，僕從嘩噪而走。又少頃，復有七、八人以白練蒙首，出堂

第二章 明代的幻想故事（下） 043

中慟哭，仍復逐出。久之，聞柱中發鈴鈸聲，眾謂送葬。又久之，
聞柱中起簫鼓聲。眾謂鼠中續偶。閉其堂經月，怪便寂然。

《古今譚概》妖異部第三十四，〈黃鼠怪〉

在明代精怪為祟的故事中，這是兩則比較輕鬆、詼諧的作品。前一則
故事描寫數位尺許小精靈搬演《西廂記》，後一則故事描寫百餘輩小精靈在
人家廳堂上扮演送葬、迎親的鬧劇，無不活潑可愛，讀來倒也頗為有趣。

這個時期的精怪為祟故事，尚有寫鄭某入山採藥時，摘大菌後有木
精責其「割耳」，讓鄭某精神恍惚，數日方被家人尋歸的《菽園雜記・遇
木精》、寫一老狐變為美婦與漕船上的士兵淫亂，舟人將其格殺後神痴士
兵乃平復的《庚巳編・穀亭狐》、寫土地祠判官與一民婦共寢多日，使婦
羸備不堪，後將其像杖碎，其中有血流出的《說聽・判官作祟》、寫一怪
變為少年與民婦交合，家人無可奈何，讓民婦歸寧後其怪乃絕的《說聽・
汪氏》、寫金華一貓久而作怪，逢女變美男，逢男變美女，遇之者日漸成
疾的《說聽・金華貓怪》、寫雷州衙前十二石人夜間聚賭，賭資系從庫中
盜出，郡守聞報後將其分置各處，怪遂絕的《湧幢小品・石人賭錢》、寫
一妖化為三女郎與二秀才交合並勾引一少年僧人，使三人相繼病卒的《情
史・狐山女妖》等。

三、明代的驅精除怪故事

明代有關驅精除怪的故事，大都描述世間有膽有識之士不畏邪惡，
敢於抗爭，在自身或他人遭遇妖魅侵擾，面臨危難時，奮起還擊，降妖伏
魔，消滅禍患，乃得保一方平安。譬如：

> 蛇王廟在婁門外一土墩上。廟前有府隸冀茨菇者，其子婦嘗游
> 廟，觀神像有感，歸而恍惚如醉，自是不復與夫寢處。常見神來就
> 之，與狎昵。歲餘腹大如有妊，及期而產小蛇十數頭，滿一虎子[3]。

---

3 虎子：古代盛水的器具；一說為盛溺的器具。

冀知蛇王所為也，奔至廟，擊神像、供爐之類，盡碎而返，延醫療其婦，久之乃瘥。

《庚巳編》卷六，〈婦產蛇〉

乾州唐文選好為大言，鄉人號曰「唐大冒」。有狐擾民家，征索酒食。少緩，立致污穢。文選偶經其門，大言云：「妖誠無狀，必不敢近吾。」

及歸，狐已在舍，呼文選云：「若言吾畏汝，今欲相擾矣。」自是留其家，為患益甚。文選無如之何。

州城下故多狐窟，有傍城居者，夜見兩人立文墻間，長可二尺，著褐衣蒲履布襪，相與攜手語曰：「叵耐唐文選，吾輩自求食，何關彼事，而敢妄言。今必撓亂其家，令其至死乃已！」及旦，其人以告文選。文選即具牒投之城隍廟，言神為一州之主，乞為民除害。已而家中魅言稍含糊。

城下人又見前兩人云：「吾於彼無大仇，乃訴於城隍，剜去吾舌。今痛不可忍，奈何！」因復以告文選。文選仍牒請行誅，以絕妖患。明日，有二狐死城下，其家遂安。

《說聽》卷上，「唐文選」

這兩則故事，一則情節較簡略，一則情節較詳細，都塑造了一位敢於驅精除怪的人物形象。前一則故事刻畫的是一位疾惡若仇的府隸。他為了保護被污辱的妻子，毅然前去擊毀半神半妖的蛇王塑像，永絕其患。後一則故事刻畫的是一位好大言的平民。他性格豪爽而富於同情心，對擾民的狐精窮追猛打，直至將其鏟除，決不半途而廢。又如：

張韞甫言：嘉、隆間，一部郎之妻偶出南門梅廟燒香，為物所祟，每至輒迷眩，百計遣之不去。後部中一辦事吏諳道籙符水，郎命劾治之。吏設壇行法，別以小罎攝怪，久之罎內嘖嘖有聲。吏復以法咒米，每用一粒投罎中，其怪即畏苦號叫，似不可堪忍者。問其何所來，怪答曰：「本老猿也，自湖廣將之江以北，道過金陵。

偶憩於高座寺樹杪，而此夫人經行其下，適有淫心，遂憑而弄之耳。」吏以符封罈口，火焚之，怪遂絕。

《客座贅語》卷三，〈猿妖〉

　　有張老夜於鄉村歸，忽有童子挑燈前來言曰：「特相接長者。」張疑之，以手緊持其臂而行，將至有人煙處，燈忽滅，童子不見。視手中所緊持者，一敗帚耳。

《耳新》七，「手持敗帚精」

　　這兩則故事的內容各有側重：前一則故事敘寫南京一部中辦事吏以符籙制伏淫猥婦女的老猿精，揭示出除惡務盡，切不可心慈手軟，遺留禍根的題旨。後一則故事通過一老者捕捉笤帚精的趣事，揭示出對於妖魅應當隨時警惕，不讓其有任何可乘之機的題旨。

　　這個時期的驅精除怪故事，尚有寫一道士作法，遣二童男持劍入水中捉祟女蛟精，治癒該女疾病的《菽園雜記・童男治妖》、寫一蝦蟆精化作大面粎人夜出聽守稻人吹笛，其人知為妖魅，乃乘其不意以燒鐵筋將其刺死的《菽園雜記・大蝦蟆精》、寫江西一真人過四川某道觀時將吃人蟒射死，從而搭救妄想「升天」者的《宦游記聞・真人止怪》、寫一虎被邵某射中逃走後，在山廟裏面發現一土偶股間有箭，知其為祟，遂請縣令毀此廟的《虎苑・中箭土偶》、寫一妖怪懼怕景秀才，某家少女為妖所憑，貼「景清在此」於戶，妖遂絕不至的《玉堂叢語・景清在此》等。

第四節　明代的鬼魂故事

　　明代的鬼魂故事，雖然不及隋唐五代時期和宋元時期的鬼魂故事，但無論作品數量、藝術水平都不遜於這個時期的精怪故事。這個時期的鬼魂故事內容較為豐富，包含人鬼戀情與交誼、人鬼親情、亡靈還陽再生、冤魂復仇雪恨、驅鬼鬥鬼等類作品。

一、明代的人鬼戀情與交誼故事

明代有關人鬼戀情的故事，絕大部分作品裏面的鬼魂均是女性，其亡故大多有不幸的因由。而當其在塵世間得到情侶的撫慰之後，往往不久便發生變故，其結局幾乎都帶有悲劇色彩。譬如：

> 上海庠友顧某，嘉靖壬午赴試，泊舟唐家墳。霏雨中見有女子極娉婷，掠其舟而西。顧凝眸久，女亦回顧。顧扣其何往，曰：「將訪外大母，少選當至。」
>
> 晚果來，顧留宿，衣盡解，獨留左襦。未明去，曰：「幸相訪於陸花冠家。」後訪陸，見一畫像，則其女也。因病左足癱瘓。夫家悔姻，憤死。唐家墳側，則其外大母塋。顧聞之大駭。
>
> 《雲間雜志‧陸花冠家女》

> 浙江陳生，隨父官泉州。出行，見一女子哭於麓，問：「何人？」曰：「我姓白，隨父之官，為盜掠殺一家，吾僅免。無歸，是以傷痛。」生艷其美，遂置之密室。父母使人窺之，乃見一白鵬，至門化為女子而入。父母語生：「早加斥絕。」生謂女曰：「卿是白鵬精，何為誤我？」謝曰：「我非妖精，乃前任林知縣之女。無罪，為父逼死。槁葬城外，故托白鵬以現。君他日前程遠大，位至御史。能念舊者，為葬朽屍，且恤吾母。則終天之感，永切泉壤矣。」生許之。女因謝去。後生果貴，任至御史，巡按廣東道。至泉州，求女屍葬之吉壤，以千金贈其母。
>
> 《情史》卷二十情鬼類，《林知縣女》

這兩則故事的女主角，不但貌美有風韻，而且感情真摯，可是遭遇都很不幸：一個因夫家變心而憤死，一個無罪被父逼死。她們的幽魂雖然遇到了知己，但幽明殊途，只能擁有短暫的溫馨和慰藉。所幸她們鍾愛的

顧、陳二生均是性情中人,一個如約走訪其故里,得睹其圖畫上的芳容,一個日後果將其安葬於吉壤,並且厚贈其母,使結尾不至於過分淒愴。又如:

顧、陳二生均是性情中人,一個如約走訪其故里,得睹其圖畫上的芳容,一個日後果將其安葬於吉壤,並且厚贈其母,使結尾不至於過分淒愴。又如:

> 揚州鹽商張某,陝西人,挈少子居旅邸。某暫還鄉,丁寧老僕善調護而郎君。既經時,僕見其貌殊瘦。詢其隨身童子,云:「每夜深,有美女從窗而入,未明即去。」僕謂童子,盍取伊物件為驗。
>
> 童俟女就寢,竊一紫羅鳳鞋與僕。僕遍訪無所遇,而張生病矣。後因縫人某甲至,示之以鞋,甲愕然曰:「若從何得此?」僕語之故而問焉,云:「去年在巨族某氏,為其次女作嫁時服。一日忽有女子立屏間,招我度量身材,便睹記其鞋。已而主翁怪衣裳短狹,減工價,謂余誑其女出閨閫,莫能辨也。今據此究之。」
>
> 即引僕詣其家,傳鞋於內,托言為樣求售。翁見而驚曰:「此殮吾長女之具,必盜墓得之。」欲執兩人聞官,始吐實。翁未信,往叩張生。生道其姿容服色,真翁亡女也。遂發墓,見棺之前和[4]有巨竅,若有物出入者。啟視則面色如生,一足無鞋矣。翁怒而焚之。張生從此病癒。
>
> 《說聽》卷上,「張生」

> 一御史巡按某處,每封門,例住橋。見對門樓上一童女,彼此顧盼。女成疾,數月而死,御史初不知也。偶一夕,其女忽來求合,天未明去。夜深復來,不知所自。如此數月,遂成病,延醫罔效。有司訓精於醫,診其脈云:「大人尊恙,非由寒暑,似為陰邪所侵。」御史不能諱。司訓云:「伺其再來,可堅留其隨身一物為驗。」已而復來,堅留其鞋一隻。司訓持此鞋遍訪。有一老嫗而見墮淚云:「此亡女隨身鞋也,何以入公手?」司訓令開棺視之,其足少一鞋,即白之御史。御史托彼厚葬之,因為設醮薦度,其怪遂絕。
>
> 《說圃識餘・樓上童女》

---

[4] 和:棺材兩頭的板。

這兩則人鬼戀情故事的內容各有側重，意趣大不相同。前一則故事著重敘寫尋找繡鞋主人的過程，即追查與張生相戀女鬼的過程，以女屍被其父焚燒結尾，將富翁的冷酷無情暴露無遺，與《列異傳・談生》一類故事的結局形成強烈的對比。後一則故事著重表現童女幽魂對御史巡按的一往情深以及御史巡按對戀情、友誼的執著，讓聽眾、讀者感到欣慰，並且從中得到啟迪和薰陶。

這個時期的人鬼戀情故事，尚有寫某女歸夫家時遇縓衣少年鬼魂而心動，鬼魂屢入室與女交而不能拒，歷數載踪跡漸稀的《語怪・常熟女遇鬼》、寫某通判亡女鬼魂與一少年情好，常相往還，後遭郡守阻攔，竟被掘墳焚屍的《語怪・桃園女鬼》、寫吳生寓居寺院時與一官員亡女鬼魂相戀，僧人告以實情後，生懼而離去的《幽怪錄・吳生》、寫坐館虞秀才與吳女亡魂情好，常相往來，久而病瘵，虞父將其接回家，吳女竟隨往的《說聽・吳家小娘子》、寫蔣生會試歸來，得知與其相愛之女已悲思成疾而亡，號慟欲絕，女魂遂隨其還家，動息不離，生不久竟病故的《庚巳編・蔣生》等。

明代有關人鬼交誼的故事，其中與人交好的鬼魂大都不是女性，而是男性。與人交好的原由雖然各不相同，但彼此之間的關心、照應、愛護、幫助等，無不體現出真摯、深厚的情誼。試看：

> 弘治中，金華有張王二士，赴試禮部，不第，附舟而歸。有四人若公隸者，亦同載，每經一市鎮必登岸良久，醉飽而返，即鼾睡，罔測為何人也。

> 行達山東，二士私計，以為彼踪跡詭昧若是，殆必盜也。張乘其宴坐，突入掩之，四人者方共閱一紙文書，見張入，亦都不驚訝。張請觀，因示之，其言亦與今官府公移同，所當追捕者百餘人，而二士亦豫。張大驚曰：「公等何人？此文移出何官府，乃有吾二人姓名耶？」四人錯愕曰：「孰是君輩姓名？」張指示之，四人相顧曰：「吾儕大踈脫。」因謂張曰：「吾實酆都使也，方奉閻君命追此一行人，不意為所窺，君亦有緣者矣。」

張聞之益驚恐，下拜求免。四人初不可，張力懇不已，四人曰：「秀才誠有心求救，我輩同載許時，寧得無情。今有一策能解此厄，然惟二君知之可耳，此外雖妻子勿與語。若一洩露，則事便敗矣。」張請問計，乃曰：「君歸，於某月日驅家人盡出，堂中列三界諸神祇位，一凳一索以待。吾輩當來，來自有說。」因枚舉諸神名，令市紙馬，張一一記之。又叮嚀戒以無洩，登岸而去。

張具以語王，勿信而嗤之。張疑懼不已，竟別覓舟疾行抵家。至期，假他故盡遣家人向外，如言設神位及凳索，扃扉獨坐待之。俄四使自空而下，見張喜曰：「君真信人。」相與叩首神前，跪而陳詞，不知所言為何，因持索縛張於凳，鞭之一百，解縛曰：「君可免矣。」張匍匐謝之，忽失所在。王生者，竟以是夕死。

《庚巳編》卷五，〈金華二士〉

青州益都尉，某華人云：初在鄉，累舉不捷。居郊野，一夕有盜，雨中穿窬而入，謂盜曰：「汝冒雨穴壁，必不得已。」盜曰：「我營卒也，因博輸，不敢歸，乃來相擾。」尉曰：「吾有絹二匹。」取贈之。盜謝去，復詣營，請於軍尉得不治罪。

後將就試，卒忽出燈下曰：「某前蒙恩，誓必報。今不幸歿於軍。」既而赴舉，試前盜以所試題送出，三場皆然，悉不差謬，果獲高薦，至南省亦然。

已而登第，卒又見曰：「若遇益都尉，不可不受。有數人負命者在彼，至時某亦當往相助。」後果尉是邑，到官未幾，有告群盜聚某村林中者，尉率眾往捕，會馬駭，獨尉與一廳吏先至其地。群盜望見，皆俯伏就執。

《湧幢小品》卷十九〈鬼報恩〉

這兩則故事，內容差異很大，卻都頗為感人。前一則講述的是一個四鬼卒搭救下第生員的故事，突出「情」、「緣」二字。人鬼之間萍水相逢，卻又是追捕的對象，可謂機緣巧合。因有緣同船共載，進而友情日深，相互理解，相互配合，相互幫助，可謂重情重義。後一則講述的是一個亡靈報恩的

故事，人情味十足。施恩者遇盜，非但不予懲辦，還以物相贈，並請求其上司不予治罪，可謂仁至義盡，無以復加。亡故者死後仍不忘報恩，其亡靈十分看重恩情與交誼，世所罕見。兩則故事無論長短，都能娓娓道來，真切動人。

這個時期的人鬼交誼故事，尚有寫齋僕楊某無意間給東岳二卒醊酒，後被二卒邀入酒肆同飲，以報二瓢之賜的《庚巳編・楊寬》、寫匠人王某與一隸卒作伴同行，卒入道旁民家取酒、熟雞與王共食，後來方知其為冥卒的《庚巳編・黃村匠人》、寫行刑時劊子手讓大辟者之鬼魂遠走他鄉，數載後其亡靈囊數金登門向劊子手致謝的《情史・大辟者》等。

二、明代的人鬼親情故事

明代有關人鬼親情的故事，體現親情的亡靈既有男性，亦有女性，而以女性居多。作品的題材主要涉及管理家務、哺育嬰兒、救助子孫、照應後人等。這些亡靈對家人，尤其是對嬰幼兒關懷備至，雖陰陽殊途仍念念不忘，極其真誠地表達出對於親人的一往情深，感人肺腑。這些故事無不出自虛構，幻想色彩濃郁，卻具有很強的藝術真實性和感染力，足以打動聽眾，征服讀者。比如：

> 吳人富某死逾年，既葬，其子以清明上冢設祭。方悲哭，家中忽應諾曰：「汝毋庸痛哭，吾今隨汝歸矣。」其子哀慕之極，不復怖畏，即隨聲呼之，鬼便向子歷道平生事，甚詳悉。
>
> 子到家，聞有聲在堂中，則其父音，知已歸矣。呼妻女出，慰問款密，宛如生時。妻問曰：「君去世許久，亦思食乎？」鬼曰：「甚善。」乃設雞肉於案，雖不見形，而有頃物自都盡。及暮，曰：「吾當還，可令一僕相送。」僕送到冢，鬼囑曰：「吾某日且歸，可豫相候。」及期候之，鬼便遂歸。
>
> 自是晨來暮去，稍稍處置家事，皆有條理。其家每買賣貨物，商人至，鬼便與議價交易。初以為怪，後亦安之。鬼畏狗，僕送之，常為驅狗不令近。一夕將去，適無送者，遂為群狗所囓，叫呼上樹而滅，此後竟不復來。
>
> 《庚巳編》卷六，〈鬼還家〉

南京王指揮敏，初無子，以運糧把總至京。過濟寧，買一妾，色美而賢，內外宗姻咸敬愛之。生一子，未幾，夫與正室相繼死，妾治家教子，極有法度。既而子襲官，復為把總，部運北上。懇請其外家所在，但言嫁時年幼，已忘之矣。

妾之歸王氏者三十餘年，早起必梳沐於榻上幃幕中。至老愈嚴肅。子婦晨省，立於戶外，伺其自出，然後敢前謁拜。近侍有二婢，亦未嘗見其梳沐也。一日晨興頗遲，二婢立榻前，忽風動帳開，乃見一無頭人坐帳中，持髑髏置膝上，妝飾猶未竟。見二婢倉皇舉髑髏加頸，不及，身首俱僕。婢驚呼，子婦入，則固一枯骨也。人因呼其子為「鬼頭王」。

　　　　　　　　　　　　　　《高坡異纂》卷中，「鬼頭王」

　　這兩則故事都以鬼魂治家為題材，然而存在較大的差異。前一則的故事主角為男性，其亡故後出於對家人的疼愛，又返回家中料理各種事務，晨來暮往，從不懈怠。後一則的故事主角為女性，她將鬼魂之身變身為美婦，嫁到官宦之家作妾，在丈夫與正室相繼亡故後勇挑重擔，三十多年如一日地悉心治家教子，讓孩子繼承父業。兩則故事都洋溢著情親愛意，給讀者、聽眾留下難忘的印象。又如：

浙中一上舍有嬖妾懷娠欲產。妾臨產時，上舍以事往錢塘。妾產難昏死，其妻不待其絕而遂殯之。及上舍歸，但以產死言，不復窮問。

上舍偶一日過宅邊賣餅家，見其篋中有銀簪一隻，乃其妾所常簪者。詢其從來，賣餅人曰：「一婦人稱說，所產兒乏乳，留此質炊餅飼兒。黃昏輒來，來得餅即去。」問其去路，則妾所葬之處也。

上舍大駭，夜潛至其墓，伏而竊聽，果有兒啼。乃開墓啟棺，則死妾之上有生兒伏焉。抱之以歸，及長以資入監為縣簿。

　　　　　　　　　《稗史彙編》卷一三四〈祠祭門·鬼物上·死妾乳子〉

家君說：閶門一民家，忘記姓名，以開行為業。家畜一犬，甚健，日臥一檻旁，頃刻不離。人有至其所者，輒噬之。家人相戒，

莫敢犯。有商人至門，不知而近之，犬嚙其股流血。商號呼罵其主，其主亦惡犬，謝曰：「君姑勿怒，明日當烹之共食耳。」

　　商歸邸中，夜夢若有告之者，曰：「吾乃主人之父也，死若干年矣。有銀數百兩埋檻下，生時不及語吾子，子不知也。一念不忘，復生為犬，所以朝夕不去者，蓋前此冥數，未可傳於子，故守以待之耳，不意誤犯君。今子欲烹我，我欲告以故，彼必不見信。君幸往見之，令不吾殺也。」

　　商竦然驚覺，即起奔詣其家，扣門，主出迎，商問：「犬安在？」則已被烹且熟矣。商人惋恨，具語所夢。其主猶未信，商請驗之。撤檻，果得一瓦鉢，盛銀四百餘兩。痛悔無及，乃哀其犬而瘞之。

《庚巳編》卷一，〈守銀犬〉

　　這兩則人鬼親情的故事，思想境界並不一致，但都具有內容奇特的共同點。前一則故事敘寫難產的亡妾艱難育子，直至讓新生兒回到父親的懷抱，充分體現了至為深厚的母愛。後一則故事敘寫老父的亡靈變犬護銀，又托夢與人，使其子得到他留下的財產，無論付出何種代價都再所不惜，充分展示了父子深情。當然，這種思想觀念比較陳腐，並不足取。

　　這個時期的人鬼親情故事，尚有寫一主母死而離其家，以空中傳語方式處置家務，與家人相處而不見其形的《語怪‧鬼治家》、寫查老亡魂還家過問大小家事，三年後其家致富遂離去的《語怪‧橫林查老》、寫一日何家小兒被數鬼縛住鎖進櫥中，後為其祖父亡靈解救，得免一死的《戒庵老人漫筆‧白日鬼縛兒》、寫廉吏王某，臨去就任當地城隍時與妻兒一一道別，乃瞑目而逝的《庚巳編‧王貫》、寫戴翁獨子死後，夫妻終日哭泣，一嫗以舟載戴妻往見亡兒，其悲念始息的《庚巳編‧戴婦見死兒》、寫富民范某死數日後，忽自外還家處分家事，數載其家大治，久漸不見的《高坡異纂‧亡靈還家》等。

三、明代的亡靈還陽再生故事

　　明代有關亡靈還陽再生的故事，其還陽再生的原由各不相同，諸如誤

捉放還、為善延壽、悔過還陽、因愛復蘇、投生轉世等等。此類故事，大都通過亡靈還陽再生來表達懲惡揚善的題旨，在當時的社會上具有一定的積極意義。其中不少優秀作品，至今仍有一定的認識價值和欣賞價值。譬如：

> 元薛公世南為山西僉憲時，言一皮匠忽晝見二急腳召渠，云是冥府符命。其人令家人作饌供二冥使，家人無所見也，且語家人曰：「我平日寡怨，雖死必復生，慎勿葬我。」是日果死。
>
> 三日後復蘇，云至一官府，設王者儀衛，一人冕服坐殿廷，問曰：「汝知過否？」皮匠曰：「某有生以來未嘗造惡。」王者命以物如青泥之狀塗其頂。久之，心骨醒然，累世之事皆能記憶。王者曰：「白起[5]坑長平四十萬卒，汝不預乎？」其人乃王紇九世身，對曰：「起坑卒時，某阻之不聽，非某罪也。上帝以某有陰德，賜某八世為將。今九世矣。」俄而起械而至，羸然一鬼囚也，與之對，得其情，起復押入冥獄。
>
> 夜叉果放還。自後棄所業，乘馬出入士夫家，能談其前世事。予聞諸王少師文。王聞諸薛公雲。
>
> 《霏雪錄》「皮匠」

> 宣府都指揮胡縉，有妾死後，八十裏外民家產一女，生便言：「我胡指揮二室也。可喚吾家人來。」其家來告，胡不信。令二僕往，女見僕遽呼名，言：「汝輩來何用？請主翁來。」僕返命，胡猶不信。更命二婢事妾者往。婢至女又呼之，言生前事，令必請主翁來。婢歸言之，胡乃自往。女見胡喜，言：「官人，汝來甚好。」因道前身事。胡即抱女於懷。女附耳切切密言舊事，胡不覺淚下，頓足悲傷，與敘委曲。女又言家有某物瘞某地。胡遂取女歸，女益呼諸子諸婦。家人一一慰諭，從而發地，悉得其貨。因呼之為「前世娘」。
>
> 女言：「幽冥間事，與世所傳無異。」又言：「死者須飲『迷魂湯』，我方飲時為一犬過，踣而失湯，遂不飲而過，是以記憶了了。」

---

[5] 戰國時秦將白起攻破趙國後，坑趙國降卒達四十萬之眾。

既長，胡將以嫁人，女不肯，言：「當從佛法，終身不嫁。」胡不能強。既至十六七，胡以事死。既而子死，家人皆死，惟一二婦女在。不能活，乃強嫁之。今安然，才二十餘歲耳。

《語怪‧前世娘》

　　這兩則故事，情節都頗為離奇。前一則為誤捉放還故事，既說明倘有大罪大惡，不管過多長時間也要受到清算與懲處，又說明無論陽世還是陰間，司法都應當公正，不放過一個壞人，也不冤枉一個好人。後一則為轉世故事，寫某亡婦投胎為一女嬰後，仍然十分清晰地記得前世的人和事，充分表現出對於原有家人和家庭的眷戀之情，讓讀者、聽眾亦多有感觸。

　　這個時期的亡靈還陽再生故事，尚有寫張某四十二歲亡故，其女號慟隕絕，良久復蘇，言見其父已在冥府為官的《庚巳編‧張潮》、寫士子李某死而復生，言至地府將就刑時為同鄉搭救，放還途中見己名在新舉人名單上，是年果中秋試的《說聽‧李芳春》、寫朱某病歿至閻羅殿，謂其陽數未盡，讓其返回，途遇平生敬重之呂仙為其指路，遂還陽的《說聽‧朱蓑衣》、寫桐城縣東、西各有一女病故，東女陽壽未盡但屍身已焚，乃借西女屍身還魂，告官後判兩家共女的《玉芝堂談薈‧假屍復生》、寫潘某多行不義，死而復蘇，呼家人集近鄉認罪自殘，宛轉六日後體無完膚而死的《昨非庵日纂‧潘屠惡報》等。

四、明代的冤魂復仇雪恨故事

　　明代有關冤魂復仇雪恨的故事，不但暴露歹人、奸徒出於各種動機而設法奪去無辜者的性命，包括圖財害命、仇隙陷害、受賄殺戮、殘暴行兇等等；而且敘寫受害人含恨死去後，其冤魂采用各種辦法揭發害人者的罪行，使其得到應有的懲處，達到報仇雪恨的目的。此類故事揭露性甚強，具有一定的思想意義和社會價值。譬如：

　　吳縣人氏葉湘，業商販。弘治十五年五月間，賃舟之松江宿澱山湖。舟人卜全與弟容利其資，殺之，並及僕葉驥，棄屍湖中。

湘見夢於母，言死狀及屍所。母驚覺，則湘妻子與家人夢悉同。相向而哭，遂詣其處，果得二屍以歸。一夕其子又夢湘曰：「吾昔賃身時，慮有他虞。將卜家兩人年甲姓名寫船埠頭壁上。今渠以我錢埋廁中，銀往松江易麥，載貯楓橋牙家。本府陳通判泊船寒山寺前，明速往告，可擒也。」

子醒窺馳視之，錄父手書，尋問陳通判船，果泊寺前，因具訴其故。陳遣人依言蹤跡二兇，獲之，置於法。

《說聽》卷上，「葉湘托夢追兇」

泗州蔣成，屠沽於鴨嘴湖。有客以竹荷包袱，宿其店。成斃之，匿金致富。既十餘年，逢端午宴客，成忽舉「青絲繫粽，汨羅江裏吊忠魂」，屬諸客對。一人號古澗者，先夕夢人教云，明日當對「紫竹挑包，鴨嘴湖邊謀客命」，叮嚀曰：「能言之，管取獲利。」古澗舉以答。成失色，席散以二十金滅口。古澗亦不深求，歸以語妻。妻曰：「此冤鬼假子雪耳。不言將有禍。」首之州，成遂服辜，取客屍於湖如生。

《昨非庵日纂》卷二十，「蔣成服辜」

這兩則都是有關圖財害命的故事，受害人以不同的方式報仇雪恨，讓罪犯伏法。前一則故事敘寫冤魂一再給家人托夢，在讓家人找回受害者屍體後，又指示兒子去告官，使兇犯落入法網。其中，托夢的過程交代較為具體、詳細，成為這則故事的主體部分。後一則故事敘寫冤魂托夢教人囑對，以極為特殊的方式揭發兇徒的罪行，以此為契機逐步達到懲惡復仇的目的，在同類故事中亦頗罕見。又如：

狄某，溧陽人。任雲南定遠知縣。縣有富翁死，遺數萬金，其妻匿不與叔。叔告縣，托人囑曰：「追金若干，願與中分。」狄拘其嫂，酷訊，至用滾湯澆乳。遂追金四萬，狄得其半，婦負恨死。後狄罷歸，晝寢，見前婦持一團魚掛床上，大驚。未幾，遍身生疽，狀如團魚，手按之，頭足俱動，逾年死。五子七孫俱生此疽，相繼亡。

《聞紀・紀報應》「狄某獲報」

南京刑部員外郎孫霖，熟於刑名。有二人同毆一人致死，死實由甲，乙惟解勸，同逮至部。甲家富，令所親求於孫，因以酷刑逼乙認其罪而脫甲，乙終被決。臨刑，冤號不已。次日，孫赴部，見乙立於馬前，叱之不退。回即吐血，七日而死。

《寓圃雜記》卷十，〈孫霖冤獄〉

這兩則都是冤魂懲處殺人贓官的故事，比較充分地表達出民眾的愛憎，讀後無不令人拍手稱快。前一則故事敘寫贓官為得到重金而對寡婦濫施酷刑，讓其含恨死去。冤魂復仇，令贓官生疽而亡，並且殃及子孫。後一則故事敘寫贓官受賄後顛倒黑白，為真兇脫罪，卻將無辜者處決。冤魂無比悲憤，令贓官口吐鮮血，不幾日喪命。在貪腐盛行，官場黑暗之時，這樣一些故事無疑會發揮一定的警世作用。

這個時期的冤魂報仇雪恨故事，尚有寫李某買肉時被屠人打死，其冤魂給南京御史托夢，因而將兇手法辦的《雙槐歲鈔‧冤魂入夢》、寫福州知事沈某常殺人取財，歸家買田築屋時，見數十冤魂列其前，祭告不退，數日後其人發疽而歿的《寓圃雜記‧沈協殺人》、寫蔣生鬻宅還債時被放債人逼死，訴於陰府，使放債人和鬻宅駔儈被陰府捉去的《穀山筆塵‧蔣生訴冤》、寫盛某聽讒言而殺妻，其妻冤魂投生為閹童，對盛某復仇，令其自縊身亡的《雪濤小說‧慎誣人》、寫婁某受險謠之人王某陷害被殺，其亡靈一再向上司訴冤，終使王某坐事論斬的《原李耳載‧靈魂雪恨》等。

五、明代的驅鬼鬥鬼故事

明代有關驅鬼鬥鬼的故事，其故事主角大都勇敢無畏，而且富有同情心、憐憫心。他們驅鬼鬥鬼的行動多為義舉，每每有善報。這個時期的此類故事，數量並不太多，但不乏有一定藝術質量的作品。比如：

江西南豐縣一寺中佛閣有鬼出沒，人不敢登。徐生者素不檢，朋輩使夜登焉。且與約，日先置一物於閣，翌旦持以為信，則眾設酒飲之，否則有罰。及暮，生飲至醉而登，不持兵刃，惟拾瓦礫自衛而已。

一更後，果有數鬼入自其牖，方上梁坐，生大呼，投瓦礫擊之，鬼出牖去。生觀其所往，則皆入牆下水穴中，私識之而臥。

翌旦日高未起，眾疑其死矣。乃從容持信物而下，眾釀飲之。明日率家僮掘其處，得白金一窖，六十餘斤。佛閣自是無鬼。

《菽園雜記》卷三，「佛閣擊鬼」

台州應尚書，習業山中。一夕聞鬼語：「某婦人夫久客不歸，翁姑逼嫁，明夜縊此。吾得代矣。」公潛賣田得銀四兩，即偽作其夫之書，寄銀還家。父母見書，疑手跡不類，既而曰：「書可假，銀不可假，想兒無恙。」婦遂不嫁。

後子歸，夫婦如初。公又聞鬼語曰：「吾當得代，奈此秀才壞吾事。」傍一鬼曰：「何不禍之。」曰：「上帝以此人心好，命作陰德尚書矣，吾何得禍之。」應果官至尚書。

《昨非庵日纂》卷二十，「應尚書」

這兩則鬥鬼故事在內容、人物諸方面都有很大的差異。前一則敘寫故事主角不怕鬼，敢於鬥鬼，且有除惡務盡的決心和行動，因而得到天賜厚賞。後一則敘寫故事主角以賣田、作偽書的方式救助弱者，使覓替鬼的希望化為泡影。因其人品格高尚，廣行善事，受到上蒼眷顧，覓替鬼對他也無可奈何。

這個時期的驅鬼鬥鬼故事，尚有寫曾某夜行時有一鬼來負其涉水，登岸後仍堅附其背，令其變為棺板，遂劈而焚之的《菽園雜記・夜行遇鬼》、寫博州鼓角樓每夜均有一鬼來掩鼓，直更者不能擊，因而受杖，求諸一禪師乃將其捉住的《戒庵老人漫筆・鬼畏》、寫胡某秋夜醉歸時見數鬼齊力撲來，胡厲聲斥鬼，並運亂石擊之，鬼悉奔竄，無一能抗的《西墅雜記・胡希顏打鬼》、寫陸生因夜聞水鬼言談，乃阻止一送禮家僮河浴，使覓替鬼無從取代超生的《耳新・陸秀才救人》、寫王某夜臥齋中，鬼作鴨鵝之聲、飛禽鼓翼之聲，皆無所懼，覆其身亦笑對之，令鬼無可奈何而退的《古今譚概・王君鎛不畏鬼》等。

第三章　明代的寫實故事（上）

　　明代的寫實故事，較宋元時期的寫實故事有一定的發展，作品的門類更為豐富，作品的數量也有明顯增加，其中不乏引人注目的名篇佳作。這個時期的寫實故事，主要包含案獄故事、官吏故事、諷刺故事、家庭婚嫁故事、美德俠義故事、詩對故事、呆子故事、僧道故事、盜賊故事、騙子故事、動物故事等門類。其中，以案獄故事、諷刺故事、家庭婚嫁故事、詩對故事較為突出。

第一節　明代的案獄故事

　　案獄故事，是明代寫實故事中數量較多，質量較高的一個門類。其題材涵蓋刑事案件與民事案件，而以刑事案件為主，包括偵破案件，捉拿罪犯，平反冤獄，調解紛爭等，從不同的側面反映當時的社會生活和世人的精神風貌。

一、明代偵破命案的故事

　　明代有關偵破命案的故事，是案獄故事中為數最多的一類，不乏明思想性、藝術性俱佳的優秀篇什。譬如：

　　　　徽富商某，悅一小家婦，欲娶之，厚餌其夫。夫利其金，以
　　　語婦，婦不從，強而後可。卜夜，為具招之，故自匿而令婦主觴。
　　　商來稍遲，入則婦先被殺，亡其首矣。驚走，不知其由。夫以為
　　　商也，訟於郡。商曰：「相悅有之，即不從，尚可緩圖，何至殺
　　　之？」一老人曰：「向時叫夜僧，於殺人次夜遂無聲，可疑也。」

商募人察僧所在，果於旁郡識之，乃以一人著婦衣，居林中，候僧過，作婦聲呼曰：「和尚還我頭。」僧驚曰：「頭在汝宅上三家鋪架上。」眾出縛僧，僧知語洩，曰：「向其夜門啟，欲入盜，見婦盛裝泣床側，欲淫不可得，殺而攜其頭出，挂在三家鋪架上。」拘上三家人至，曰：「有之，當日懼禍，移挂又上數家門首樹上。」拘又上數家人至，曰：「有之，當日即埋著園中。」遣吏往掘。果得一頭，乃有須男子，再掘而婦頭始頭。問頭何從來，乃十年前斬其仇頭。於是二人皆抵死。

《智囊補》察智部詰奸卷十，〈徽商獄〉

有被殺於路者，始疑盜殺之，及檢，沿身衣物在，遍身鐮刀傷十餘處。檢官曰：「盜但欲人死取物，今物在傷多，非冤仇而何？」遂屏左右，呼其妻問曰：「汝夫與何人有仇最深？」曰：「夫自來與人無仇。近有某甲來做債不得，曾有克期之言，非深仇也。」官默識其居，遣人告示側近居民，所有鐮刀盡將呈驗，如有隱藏，必是殺人賊。俄貴到鐮刀七、八十張，令列於地。時方盛署，內刀一張蠅子飛集。官指此刀，問為誰者，乃是做債克期之人，擒訊猶不服，官曰：「眾人鐮刀無蠅子，今汝殺人，腥氣猶在，蠅子集聚，豈可隱耶？」左右失聲嘆服，殺人者叩頭服罪。

《益智編》，「蠅集鐮刀識兇犯」

這兩則故事的情節均較曲折，但敘事頗有條理。兩者既有一些相似之處，也有不少不同之處。相似之處主要是：在偵破命案的過程中都曾施用巧計，從而加速偵破進程和保障偵破的準確性。不同之處主要是：其一，兇犯的殺人動機一為奸殺，一為仇殺；其二，主抓偵察者一為被懷疑者富商，一為審案的官吏；其三，所施巧計一為裝鬼嚇兇犯，一為驗刀證實兇犯。這兩則都以故事性強吸引聽眾、讀者，前一則還引出案中案，使兩位兇犯伏法，更為精彩。又如：

成化間有一富商，寓在京齊化門一寺中。寺僧見其挾有重資，因乞施焉。商頷之而未發也。僧自度其寺荒寂，乃約眾徒先殺其二僕，屍壓其上，實之以土，全利其所有。

　　越二日，有貴官因遊賞過其寺，寺犬噪鳴不已。使人逐之，去而復來。官疑之，命人隨犬所至。犬至坎所，伏地悲噪。官使人發視之，屍見矣。起屍而下，有呻吟之聲，乃商人復蘇也。以湯灌之，少頃能言，遂聞於朝，捕其僧而償於法。

　　是歲例該度僧，因是而止。嗚呼，僧不犬若也哉。

　　　　　　　　　　　　　　　《青溪暇筆》「寺僧殺富商案」

　　長圻嶺者黃郡產瓜蓏地也。相傳先朝老圃某畜一瓜最巨，欲以獻豪門。偶丐者挾籃入食之，某見持鋤擊丐者死，又恐人知，即瘞圃內。明年屍地產瓜，延蔓最盛，首結一瓜大如斗。會邑令君衙購瓜於諸圃皆不可用。僉謂獨某圃一瓜特大，令獻之，果得十瓜錢。邑衙剖之，瓤漿皆赤血，異之，以視令君。令君大疑，召某問：「汝圃瓜皆若此手？」曰：「否。」曰：「汝往年瓜若此手？」曰：「否。」曰：「其種必異也。」令掘根視之，根乃出死人口中。蓋丐者食瓜子尚滿口，故明年產瓜而滋液其胸中血汁，故赤若此。某遂陳丐者死狀，受杖死獄中，亦冤所為與。東之談。

　　　　　　　　　　　　　　　《耳談》卷七〈老圃瓜異〉

　　這兩則故事的特點為其中的命案都是在無人知曉的情況下暴露出來的，而促使命案暴露的則是與被害者有關的動、植物，情節較為奇特，無不引人入勝。這兩則故事讓讀者、聽眾看到，天網恢恢，疏而不失，殺人者無論隱藏得如何巧妙，遲早會敗露，終究難逃罪責。

二、明代平反冤獄的故事

　　明代有關平反冤獄的故事，大都描述由於審案官吏認真偵破案件，蒙冤者才得以平反、獲釋。此類故事通過各種精明、練達的審案官的藝術形

象，表現了世人渴求懲惡鋤奸，維護公正的善良願望。試看：

> 　　正德庚午，太倉州有人買一鱉三足，令其妻炰食之。頃之，尋
> 其夫不獲。惟見地上遺髮一縷，冠履衣服如蟬蛻焉。事聞，集其鄰
> 右赴官，或疑其妻殺之，將置於法。
> 　　知州黃庭宣獨疑之。以為鱉有三足，為類當異，理不可測。乃
> 悉集漁人求鱉三足者，立限以須。卒得之，庭宣召婦人烹調如初，
> 出重囚與食。方引還獄，覺腹痛僕地，身漸縮小，頃之，形骨俱
> 消。婦人冤遂白。
>
> 《高坡異纂》卷下，「三足鱉疑案」

> 　　臨海縣迎新秀才，適鬻宮有女，窺見一生韶美，悅之。一賣婆
> 在旁曰：「此吾鄰家子也，為小娘子執伐，成佳偶矣。」賣婆以女
> 意誘生，生不從。賣婆有子無賴，因假生夜往，女不能辨。一日其
> 家舍客夫婦，因移女而以女榻寢之，夜有人斷其雙首以去。明發以
> 聞於縣。令以為其家殺之，而橐裝無損，殺之何為，乃問：「榻向
> 寢誰氏？」曰：「是其女。」令曰：「知之矣。」立逮其女，作威
> 震之，曰：「汝奸夫為誰？」曰：「某秀才。」逮生至，曰：「賣
> 婆語有之，何嘗至其家？」又問女：「秀才身有何記？」曰：「臂
> 有痣。」視之無有。令沉思曰：「賣婆有子乎？」逮其子，視臂有
> 痣，曰：「殺人者，汝也。」刑之，即自輸服。蓋其夜撲得駢首，
> 以為女有他奸，殺之。生由是得釋。
>
> 《智囊補》察智部卷十，〈詰奸・臨海令〉

　　這兩則作品都較為生動，分別講述了兩個地方官吏平反冤獄的故事。
前一則故事平反的是一個家庭冤獄，蒙冤人為死者之妻，精明的知州通過
試驗弄清冤情，還無辜民婦以清白。後一則故事平反的是社會性冤獄，蒙
冤人為鬻宮女所悅之秀才，幹練的知縣通過盤問當事人並進行驗證，很快
便捉住真兇，讓案情水落石出。

三、明代審理民事案件的故事

明代有關審理民事案件的故事，大多篇幅短小，情節單純。然而，它們無不展現出審案官吏的智慧和能力，令人佩服。試看：

> 昔宸濠府中養有仙鶴，頸上懸銅牌勒「王府」二字，忽走入民家，為犬所嚙幾死。濠命旗校送其人赴南昌府刑廳處置，其節推批犬主訴詞云：「鶴雖帶牌，犬不識字。禽獸相急，不幹人事。」宸濠聞之無以難。
>
> 《談叢・判詞》「禽獸相爭」

> 吉水縣兩農家牛相觸，一牛至死。死者之家告狀赴吉水縣尹，尹乃吾鄉辰州胡進士，號鹿崖。判其狀曰：「二牛鬥爭，一死一生。死者共食，生者同耕。」兩家皆服。
>
> 《談叢・判詞》「判牛」

這兩則作品，都頗為幽默、風趣，突顯出富於才智的地方官吏的正義感和同情心。其中的判詞，言簡意賅，琅琅上口，寫得十分精彩。

這個時期的案獄故事，尚有寫審案官吏憑藉兇犯所留的謎語而偵破命案，將殺人搶劫者緝拿歸案的《霏雪錄・猜謎捕盜》、寫一審案官員見死者似有冤屈，通過審訊得到實情，進而拘捕殺女奪財真兇楊生，為蒙冤者洗刷罪名的《雙槐歲鈔・陳御史斷獄》、寫一瞽者在城南荊樹下醉臥時丟失鈔百緡，某官施展審荊樹巧計而捕獲盜者的《雙槐歲鈔・性敏善斷・捉盜還鈔》、寫某官偵破遣獼猴入府庫盜鈔幣案，追回贓銀，將猴主繩之以法的《雙槐歲鈔・性敏善斷・狙為盜》、寫漁者兄弟殺死弄猴人而欲霸占其婦，婦不許也被殺，後婦復生告官，遂將二兇犯論死的《菽園雜記・漁者兄弟》、寫醉者死而復蘇潛逸後，守屍者竟殺人以代，事發不能諱，遂伏法的《猥談・失屍案》、寫丈夫某歸家後食老雞斃命，太守姚公經過認真調查乃為自誣之婦人平冤的《青溪暇筆・

食老雞致斃案》、寫桑某男扮女裝以教刺繡為名，入貴富人家奸淫婦女無數，後敗露被處以極刑的《蓬軒別記・京師人》、寫京師西郊常有夜歸傭工被殺者，人誤以為鬼怪作祟，後為一群兵校偵破，使兇犯伏法的《蓬軒別記・暮歸兇案》、寫一老嫗誣鄰人盜其子婦之裙，鄰則辯稱為其嫂與妻之裙，審案官見二裙一寬而長，一短則窄，遂明其非盜的《玉堂叢語・裙之爭》、寫某官審理一樁行騙案時，使餓驢找到主人——騙走民婦騾子點漢，將其法辦的《雪濤小說・才吏・審驢案》、寫某典史審案時讓老叟在其茄腹中暗藏竹針，從而捉住盜茄賊的《雪濤小說・典史・巧捉偷茄賊》、寫某典史審理爭傘案時命隸卒執刀剖傘，以察色判二人真偽的《雪濤小說・典史・剖傘決疑》、寫王三被殺後其妻鳴於官，審案官從同伴上門呼叫時不聽「王三」而聽「王三嫂」發現破綻，遂捉兇抵命的《談叢・判詞・一語破案》、寫同宗仇人買通獄中盜賊誣陷雷某，審案官將雷某雜於眾隸中使盜賊辨認，立為其平反的《湧幢小品・同宗二獄・雷某被誣》、寫一奴僕與某御史妾私通，乃厚賄一屠殺死御史夫妻並誣其宿仇趙某為兇手，審案太守見疑，後以屠母為突破口使真兇伏辜的《湧幢小品・雪冤解獄》、寫一孀婦被殺，其族伯誣服，太倉丞陸某遣捕密偵，最終將兇僧緝拿歸案的《古今譚概・兇僧》、寫某胥殺人奪資後，又寫匿名信誣告其仇人，縣知某根據字跡而捉住兇手的《智囊補・殷雲霽》等。

第二節　明代的官吏故事

　　明代的官吏故事，既有褒揚、贊美清官廉吏的作品，又有揭露、鞭撻貪官污吏的作品，而以後一類作品居多。明代的官吏故事，從不同的視角，不同的社會層面反映當時的官場生活和官員狀況，富於現實性和批判性。它們既表達出世人對官場腐敗的不滿和對贓官、壞官、昏官的憤恨，又展示出世人對清正廉明官吏的期盼。不僅如此，這個時期的官吏故事中的許多作品藝術性較強，具有不同的風格和韻味，足以讓聽眾、讀者從中領略多樣化的藝術欣賞的樂趣。

　　這個時期的有些官吏故事比較含蓄，比如：

成化中，有汝寧楊太守甚清，其附郭汝陽劉知縣甚貪。太守夜半微行，至一草舍。有老嫗夜績，呼其女曰：「寒甚。」命取瓶中酒。酒將盡，女曰：「此一杯是楊太爺也。」復斟一杯，曰：「此是劉大爺。」蓋酒初傾，則清者在前，後則濁矣。聞者賦詩曰：「憑誰寄語臨民者，莫作人間第二杯。」

《古今譚概》口碑部第三十一，〈楊太守劉知縣〉

　　江南一驛吏以幹事自任，典郡者初至，吏白：「驛中已理，請一閱之。」刺史往視，初見一室，署云：「酒庫」，諸醞畢熟，其外畫一神。刺史問是誰？言是杜康。刺史曰：「公有餘也。」又一室署云「茶庫」，諸茗畢貯，復有一神。問是誰？云是陸鴻漸。刺史益善之。又一室署雲「菹[6]庫」，諸菹畢備，亦有一神。問是誰？吏曰蔡伯喈。刺史大笑曰：「不必置此。」

《何氏語林》卷三十，「刺史視庫」

　　這兩則故事都具有含蓄的特點。前一則故事敘寫老百姓對於清官、貪官自有褒貶，以酒之清、濁作譬喻，言簡意賅，頗為深刻。後一則故事敘寫驛吏以巡視庫房的方式取悅上司，為日後賄賂上司作好鋪墊，上司心領神會，不露聲色，其揭露有力，卻不見圭角。

　　這個時期的有些官吏故事比較辛辣，比如：

　　僉事陳諤，字克忠，詼諧。正統初，有中官阮巨隊，奉命來廣，征虎豹。諤從阮飲，求虎皮以歸。明日草奏，言阮多用肥壯者宴客，徒貢瘠虎，使斃諸塗。阮大恐，置酒謝諤。酣謂阮曰：「聞子非閹者，近娶妾，然否？」阮請閱諸室，諤見群罐，知為金珠，佯問何物，曰：「酒也。」諤笑曰：「吾來正索此。」遂令人扛去。阮哀祈，得留其半。廣人至今傳為談謔。

《湧幢小品》卷十三，〈中官祈哀〉

---

[6] 菹（zū租）：醃菜。

元時，達魯花赤為政，不通漢語，動輒詢譯者。江南有僧，田為豪家所侵，投牒訟之。豪厚賂譯，既入，達魯花赤問：「僧訟何事？」譯曰：「僧言天旱，欲自焚以求雨耳。」達魯花赤大稱贊，命持牒上。譯業別為一牒，即易之以進；覽畢，判可。僧不知也，出門，則豪已積薪通衢，數十人昇僧畀火中焚之。

《古今譚概》謬誤部第五，〈譯誤〉

這兩則故事都具有辛辣的特點。前一則故事敘寫地方官吏與京師宦官鬥法，無情揭示出宦官與地方官的貪腐本性和醜惡嘴臉，鋒芒畢露。後一則故事敘寫譯者受賄，胡亂翻譯，非但不為受害僧人主持公道，反而將其抬去火焚，充分暴露了元代某些官員草菅人命，黑暗至極的面目。

這個時期的有些官吏故事比較詼諧，比如：

弘治中，吾郡一豪子以事官捕之。急竄匿不出，官百計索之不能得。或言鄉耆某多智數。官延訪之。耆乞屏左右，乃曰：「欲得之，須用老子。」官曰：「老子已在此矣。」耆意蓋用欲取先予之術。官所云謂已執其父也，耆曰：「不是者簡老子。」官曰：「正是者簡老子。」耆又白如前，官終不悟。即叱之退，曰：「耆蠢物，尚謂一人有兩老子，何智術之有！」

《猥談‧智耆》

洪武中，駙馬都尉歐陽某偶挾四妓飲酒。事發，官逮妓急。妓分必死，欲毀其貌，以覬萬一之免。一老胥聞之，往謂之曰：「若予我千金，吾能免爾死矣！」妓立予五百金。胥曰：「上位神聖，豈不知若輩平日之侈，慎不可欺。當如常貌哀鳴，或蒙天宥耳。」妓曰：「何如？」胥曰：「若須沐浴極潔，仍以脂粉香澤治面與身，令香遠徹，而肌理妍艷之極，首飾衣服須以金寶錦綉，雖私服衣裙，不可以寸素間之，務盡天下之麗，能奪目蕩志，則可。」問其詞，曰：「一味哀呼而已。」妓從之。比見上，叱令自陳，妓無一言。上顧左右曰：「綁起殺了。」群妓解衣就縛，自外及內，備

極華燦,繪采珍具,堆積滿地,照耀左右。至裸體,裝束不減,而膚肉如玉,香聞遠近。上曰:「這小妮子,使我見也當惑了,那廝可知。」遂叱放之。

《智囊補》術智部謬數卷十七,〈洪武中老胥〉

這兩則故事都具有詼諧的特點。前一則故事帶著調侃的口吻揭示昏官的極端無能與愚蠢,令人發噱。後一則故事通過精明故能幹,熟諳官場的老胥索賄救助妓女的趣聞,揭露官場上下腐敗成風的黑幕,發人深省。

這個時期的官吏故事,尚有寫一兵部侍郎欲得兵部尚書空缺,托其任刑部尚書之親家向宦官行賄,親家卻用其重賂為自己謀得兵部尚書一職,侍郎恚恨而亡的《菽園雜記・托人納賄》、寫王某割勢淨身始得進王府去見所迷戀之妓,郡王竟讓王某服事自己,妓與王某相向嗚咽的《說聽・洛陽王某》、寫永樂中有一前朝編修隱居洞庭湖濱,甚為聊倒,臨終托鄰里葬其於湖旁某山下的《玉堂叢語・幸葬我湖旁山下》、寫乙殺甲奪資並騙娶甲妻,甲復蘇後告乙圖財害命,強奪其妻,昏官竟重責甲,批狀曰「既云打死,如何尚在,娶用財禮,何以強娶」的《笑贊・官判案》、寫湘陰縣丞劉某以生革為鞭,中夾銅錢,撻人至皮肉皆裂,因一巡檢待之不恭而將其妻鞭撻幾死,後被皇上嚴懲,戮於市的《湧幢小品・鞭夾錢》、寫某太宰坐轎出行時,隸人呵斥一見而不避之老嫗,嫗怒曰「我在京住了五十餘年,這些見了千千萬萬,罕希你這蟻子官!」太宰到部笑語同寮,連稱晦氣的《湧幢小品・就是老嫗》、寫某貴官因餕子[7]欠熟而將故庖丁繫獄,一人扮術士相譏,說丙子生不好:「昨日甲子生者入獄未放,何況丙子生」的《解慍編・甲子生》等。

第三節　明代的諷刺故事

明代的諷刺故事,無不以揭露、諷刺當時各個社會層面的醜惡現象和不良風氣為使命,大都指向官場黑暗、腐敗,官吏貪鄙、無能,富家慳

---

[7] 餕子:一種油煎食品。「餕」與「甲」諧音。

吝、刻薄，俗人虛妄，僧人偽善等。作品數量較多，往往短小詼諧，妙趣橫生，廣受讀者、聽眾喜愛。

一、針對官場黑暗、腐敗的諷刺故事

此類諷刺故事大都頗為辛辣、火爆，比如：

> 昆山有徐生善寫竹，嘗遊京師，吏科有知者，請寫竹於壁。寫畢，欲題其上云「朝陽鳴鳳」。或云：「恐致人口語，不若易以舞鳳。」或又以為不可，乃以彩鳳易之。有從旁語云：「鳴也鳴不成，舞也舞不成，不如好衣服搖擺過日可也。」眾哄堂一笑而散。
>
> 《菽園雜記》卷七，「噤不敢言」

> 萬曆丙午浙試，一有力者以錢神買初場題中式。立試者鎖闈日，得罪杭郡公，郡公銜之。撤棘後，郡公宴主試，密令優人刺之。其日演《荊釵記》，無從發揮。至「承局寄書」出，李成問：「足下何來？」局答曰：「京城來。」成曰：「有新聞否？」曰：「關白內款矣。」成曰：「舊聞。」曰：「貢方物矣。」成曰：「何物？」曰：「一豬。」成曰：「豬何奇而貢之？」曰：「絕大。」成曰：「驢大乎？」曰：「不止。」「牛大乎？」又曰：「不止。」「象大乎？」又曰：「不止。」成曰：「大無過此矣！」曰：「大不可言。且無論其全體，只豬頭、豬腸、豬蹄，你道易價幾何？」成曰：「多少？」曰：「只頭腸蹄亦賣千金！」成曰：「何人買得起？」曰：「一收古董人家。」蓋指中式者董姓耳。主試聞之，赤頰，不歡而罷。
>
> 《古今譚概》微詞部第三十，〈頭場題〉

這兩則諷刺故事都是通過具體現象、具體事例來揭露官場存在的嚴重問題。前一則故事借題畫的用詞來嘲諷宮闈言路阻塞，言官事無大小均噤若寒蟬的現象，讓人們窺見當時朝政黑暗的一斑。後一則故事通過官吏發

生矛盾，起而攻訐，譏貶主試官高價出賣考題的舞弊行為，從一個方面來暴露當時官場的腐敗。

二、針對官吏荒淫、昏庸的諷刺故事

此類諷刺故事大都頗為詼諧、逗趣，比如：

> 三楊學士當國時，有一妓名齊雅秀，性最巧慧。一日被喚，眾謂之曰：「汝能使三閣老笑乎？」對曰：「我一人，就令笑也。」進見，問何以來遲，對曰：「在家看些書。」問何書，對曰：「《列女傳》。」三閣老聞之果大笑，乃戲曰：「我道是齊雅秀，乃是臍下臭。」蓋因其姓名之聲而譏之，應聲曰：「我道是各位老爹是武職，原來是文官。」以「文」為「聞」也。三公曰：「母狗無禮！」又答曰：「我是母狗，各位老爹是公侯。」「侯」者「猴」也。
>
> 《戒庵老人漫筆》卷一，〈妓巧慧〉

> 臨安令有趙鼻涕者，以其罷軟，故得此名。民有錢德明者，持狀赴告，狀稱「錢德明年若干歲。」趙怒，命行笞。民不服，曰：「汝欺我不稱今年若干歲，而稱明年，何也？」趙蓋以「德」為民名，而「明」字屬下文，聞之不覺捧腹。高心田說。今追記之。
>
> 《快雪堂漫錄‧趙鼻涕》

這兩則諷刺故事都帶有較濃的調侃意味，對所嘲諷的大小官吏竭盡奚落之能事。前一則故事的鋒芒指向在朝中當權的三位重臣，通過他們與妓女彼此戲弄、逗樂來譏諷達官貴人的無行與下流，為世人所不齒。後一則故事的針芒指向地方官吏，嘲笑一縣令的昏聵無能，其個性特徵在審案時表現得淋漓盡致，令人忍俊不禁。

此類諷刺故事大都頗為尖刻、鋒利，比如：

王鍔累任大鎮，財貨成積。有舊客論以積而能散之義。後數日復見鍔，鍔曰：「前所見戒，誠如公言，已大散矣。」客請問其名，鍔曰：「諸男各與萬貫，女婿各與千貫矣。」

《諧叢‧散財》

一東道吝嗇，當宴賓時，私囑其僕曰：「爾莫浪費酒漿，但聞我擊桌一下，爾則敬酒一次。」客偶聞知，飲間故問：「尊堂高壽幾許？」答曰：「七十三矣。」客擊桌嘆曰：「難得。」內聞擊桌聲，隨敬酒出筵。項間，客又問：「尊翁高壽幾許？」主人曰：「八十四矣。」客復擊桌云：「愈是難得。」內人又敬酒出。已而主覺其計，乃斥言曰：「你也不要管他七十三、八十四，你也吃得勾了。」

《解慍編》卷五，〈七十三八十四〉

這兩則諷刺故事都通過故事主角的言談舉止來譏誚富人愛財慳吝的秉性，簡短而深刻，入木三分。前一則故事嘲笑其人的「散財」之舉，只不過是分一點錢財給自己的孩子，如此「慷慨」，足見其本性難易。後一則故事借主人故請客時搞小動作的行徑以及主人被播弄後的失態，盡情挖苦富人吝嗇與卑劣。

三、針對文人各種劣根性的諷刺故事

此類諷刺故事大都頗為婉轉、含蓄，比如：

嘗聞一青衿，生性狡，能以譎計誑人。其學博持教甚嚴，諸生稍或犯規，必遣人執之，撲無赦。一日，此生適有犯，學博追執甚急，坐彝倫堂盛怒待之。已而生至，長跪地下，不言他事，但曰：「弟子偶得千金，方在處置，故來見遲耳。」博士聞生得金多，輒霽怒，問之曰：「爾金從何處來？」曰：「得諸地藏。」又問：「爾欲作何處置？」生答曰：「弟子故貧，無口業，今與妻計：

以五百金市田，貳百金市宅，百金置器具，買童妾，止剩百金，以其半市書，將發憤從事焉，而以其半致饋先生，酬平日教育，完矣。」博士曰：「有是哉！不佞何以當之？」遂呼使者治具，甚豐潔，延生坐，觴之。談笑款洽，皆異平日。飲半酣，博士問生曰：「爾適匆匆來，亦曾收金篋中扃鑰耶？」生起應曰：「弟子布置此金甫定，為荊妻轉身觸弟子，醒，已失金所在，安用篋？」博士蘧然曰：「爾所言金，夢耶？」生答曰：「固夢耳。」博士不懌，然業與款洽，不能復怒。徐曰：「爾自雅情，夢中得金，猶不忘先生，況實得耶？」更一再觴出之。

《雪濤小說・甘利》「夢得金」

南人有學琴十年而極其趣者，自以天下無愈已。挾琴而上都邑，次舍於教坊之旁。教坊之人所肆皆箜篌、琵琶、箏、琴屬也。見南人至喜，群聚而求聽焉。南人乃出琴而鼓之，曲未成，皆哄然而散，唯一人留而泣。南人喜，起作禮而問之，對曰：「昔者吾父病介攣而死，今見先生之布指似之也，故泣。」南人乃抵琴於地而嘆曰：「嗟哉，知音之寡也！」蓋自是不復鼓琴。

《客座贅語》卷六，〈謔語〉「南人鼓琴」

這兩則諷刺故事從不同的方面嘲謔文化人在品格上的缺失。前一則故事敘寫學官遭到狡詐學生戲弄前後態度的變化，譏笑持教甚嚴、自鳴清高的文化人亦難免對於錢財有著強烈的欲望。後一則故事敘寫一自鳴得意的文化人班門弄斧，出乖露醜，在受到奚落後仍自我解嘲，不進行反省。這兩則故事，無不讓人感慨係之。

這個時期的諷刺故事，尚有寫一工部侍郎貌美無鬚，常出入太監王某家門，或問其為何無鬚，他忙說「公無鬚，兒子豈敢有鬚」的《菽園雜記・豈敢有鬚》、寫新兵至配所，無論如何站立均被呵斥，當其跪而求教時，軍官坦言「你若送我些月錢，任你直走橫行」的《解慍編・直走橫行》、寫清明遇雨，一張傘獨行者與趁傘同行者相互懷疑對方為鬼，歸家均駭病的《賢博編・相疑為鬼》、寫某官懼內，有人讓其以酒壯膽回家教

訓妻子，誰知酒醒後妻子打他更兇的《笑贊‧懼內》、寫一端公外出時其徒被請去跳神，亂說胡跳一通後得錢米，端公得知徒弟所作聽為，驚呼「你怎麼知道的，我原來就是如此」的《笑贊‧端公》、寫一僧人捉住落入袖中雀兒連稱「阿彌陀佛，今日有肉吃了！」待他鬆手雀兒飛去後，又道「阿彌陀佛，我放生了」的《笑贊‧僧與雀》、寫一人拾得一枚雞卵竟做買田置宅，雇僕討妾的白日夢，其妻醋意大發，怫然動怒，以手擊碎雞卵的《雪濤小說‧妄心》、寫一關吏治夜禁甚嚴，犯者必重撻，苟無犯者輒謂邏卒賄脫而撻之，一日邏卒傍晚即以犯夜禁捉跛者，謂其緩行過城門非一更不可的《雪濤小說‧深文》、寫某太監縛一鼠以毀衣罪告於御史，藉此戲弄御史，御史一判曰：「問笞杖太輕，問絞斬太重，下他腐刑」的《雪濤諧史‧下他腐刑》、寫一妻悍而狡，夫每言納妾，輒曰「若有金，惟命」，夫從人稱貸請納，妻壓金拜曰：「我今情願做小罷，這金便可買我」的《雪濤諧史‧情願做小》、寫某巡案派解官將一好打抽豐友人解回原籍，至境上解官始告其刑具為銀造，其人道「他若相厚，便打個二百斤銀枷枷也得」的《雪濤諧史‧好打抽豐者》、寫某翁被虎一攫走，見其子操刃追逐，忙呼：「毋刺傷其皮」的《客座贅語‧毋傷虎皮》、寫一僧與曾化齋施主齊亡，僧因罪深而被刀鋸，施主不解何故，僧道：「閻王見世間寺廢僧稀，將一個僧鋸開做兩個用」的《華筵趣樂談笑酒令‧勸人行善》等。

第四章　明代的寫實故事（中）

第四節　明代的家庭、婚嫁故事

　　明代的家庭故事和婚嫁故事，在寫實故事中較為多見。這兩類相互呼應、關係密切的寫實故事，從不同的側面揭示當時的社會生活和家庭生活狀況，反映出廣大民眾的追求和好惡，大多數作品都具有一定的思想意義和欣賞價值。

一、明代的家庭故事

　　這個時期的家庭故事，不但描述家庭成員之間的親情，包括孝敬父母，疼愛兒孫，夫妻恩愛，兄弟互助等，而且描述家庭成員的悲歡離合，糾葛紛爭，生活氣息大多相當濃郁。譬如：

> 　　吾邑之相城，有一乞兒姓沈，年在中歲。每詣沈隱君孟淵所請丐，凡所得多不食，而分貯之筒籃中。隱君初不為意，久而問焉，則曰：「將以遺老娘耳。」隱君始異之，潛令人偵其所為。丐至一岸旁，坐地出筒中飲食整理之，擎至船邊。船雖陋而甚潔，老媼坐其中。丐登舟陳食母前，傾酒跪而奉之。伺母接杯乃起，跳舞而唱山歌，作嬉笑以樂母，母殊意安之也。必母食盡，乃更他求。若無得，則自受餒，終不先食之也。日日如之，凡數年。母死，丐始不見。
>
> 　　　　　　　　　　　　　　　　　　　　　　《枝山前聞・沈孝子》

> 　　晉人張公父應藩司硝黃戶，販硝北直。歸值北直歲荒，流徙載道。過獲鹿，見饑民夫婦避荒，擔內一子甫三歲，言愛此子者任攜

去。張公父尚無子，欲撫之。夫婦喜諾，付以百錢，曰：「非以言直，聊充一飯耳」。固辭，乃受。

攜歸為己子，讀書穎悟過人，登鄉薦，授知州。出京，過獲鹿，欲訪本生父母，以年幼失記名姓鄉里，僅記別時在柳下。柳身拳曲於道上，彷彿遇之。祭以羊豕一慟云：「伊尹生於空桑，今某生於曲柳也。」

《原李耳載》卷上，〈百錢大夫〉

這兩則家庭故事都是以稱頌親子情深為題旨的。前一則故事寫乞丐沈某對老母至孝，儘管經常忍饑挨餓，備嘗艱辛，卻數年如一日地奉獻飲食，並且苦中作樂以娛娘親，使老人得以安度晚年，其孝行委實難能可貴。後一則故事寫一饑民之子被人撫育成人，並且做了一州之行政長官，但他仍不忘生身父母的恩情。當他回到故鄉尋親不果時，便祭拜道旁曲柳，寄托思親的情愫，其情深意切，催人淚下。又如：

南門外某姓一妒婦，知婢懷妊，日夜痛毆。既娩身，逼令棄兒於水。婢不得已，將兒系之木板，以釵一股，置兒衣間，冀得收養。適一婦持木椎浣衣溪上，見而收之。方用手援兒，椎忽墮水，流至妒婦門，為其婢所得，懸之壁間。

不兩月，盜入其家，即將木椎椎殺妒婦，其夫方知兒之溺死也。

後六年，拾兒之父偶至婢所，見木椎認為己物。婢問失椎之由，云為撈兒滾入波心。複問兒衣間有何物，曰：「有一釵，今尚在。」婢即日索釵視之，果前物也。重酬其乳食之費，攜其子歸。張友蓮作《木椎記》。

《雲間雜志‧某姓妒婦》

鉛山有人悅一美婦，挑之不從。乘其夫病時，天大雨，晝晦，乃著花衣為兩翼，如雷神狀，至其家，奪鐵椎椎殺之，即飛出其家。以為真遭雷誅也。又經若干時，乃使人說其婦，求為妻。婦許焉，伉儷甚篤。出一子，已周歲矣。一日，雷雨如初，因燕語漫及

前事，曰：「吾當時不為此，焉得妻汝？」婦佯笑，因問：「衣與兩翼安在？」曰：「在某箱中。」婦俟其人出，啟得之，赴訴張令。擒其人至，伏罪論死。

《情史》卷十四情仇類，〈鉛山婦〉

　　這兩則故事都以家庭變故為題材。前一則故事寫一新生兒被遺棄後，由於某種偶然的原因，被遺棄的孩子失而復得，回到家中，既讓人心酸，又值得慶幸。後一則故事寫一婦人得知其前夫係後夫所謀殺，並且證據確鑿時，毅然報官，終於使殺人奪妻的歹徒伏辜，大快人心。而這位婦女在重新有了一個美滿家庭之後，能夠做出告發後夫的抉擇，實非易事。其嫉惡如仇的品格，實在令人敬佩。

　　這個時期的家庭故事，尚有寫邵某得知其妻以炙蟛蟧奉母時痛哭欲逐之，邵母被驚竟雙目忽明，忙留住兒媳的《菽園雜記・邵母復明》、寫史妻得知史某被後夫溺殺後，即走訴於朝，置後夫於法的《菽園雜記・史妻復仇》、寫夫妻倆避兵亂外出散失，夫流落京城，竟與在一官員家為傭之妻相遇，官員知情後讓二人回家團聚的《西樵野記・京邸兵官》、寫監生張某因一妓拾得應試關節而登科，乃娶妓為妾，妾後主家政，與張偕老的《涇林雜記・南都妓》、寫金三因病被岳丈拋棄，其妻痛不欲生，後金三發跡歸來，遂與妻子團聚的《耳談・金三妻》、寫杜某新納之妾羞以父書示杜而將其吞下，杜謂是情人所寄，竟命剖腹出書，杜後夢妾訴冤，旬日乃死的《昨非庵日纂・剖腹出書》、寫兒子某誤以父為奸僧，竟將與母同寢之生父殺死，遂伏法的《古今譚概・父僧誤》、寫太原一孝子隻身遠涉尋父，遍歷三湘、五嶺道場，終在一山僻小庵中找到訪道離家三十多載老父的《原李耳載・尋親誠感》等。

二、明代的婚嫁故事

　　這個時期的婚嫁故事，主要描述訂親、迎親、完婚過程中男女雙方及其親屬之間發生的各種事端、變故，既有喜劇性的，也有悲劇性的。譬如：

金陵人有女且於歸，而婿病劇。婿家貧利女奩具，故強迎女視婿。女家難之，而又迫於求，欲卻不能，因計其子年貌類姊，遂飾子往。故稱未成禮，不宜見尊親，常蔽其面。婿家不知以婿之妹伴嫂，宿於別室，是夜婚合。越三日，女家迎女歸，妹自陳嫂是男子，已為我婿矣。婿家大恚，訟於法司。法司曰：「渠不宜以男往，爾奈何以女就之乎？殆是天緣，聽其自配。」後婿病亦愈，女竟得歸。一嫁女而得婦，一娶婦而得郎，虛往實還，網魚得鱔矣。予里盧孝廉游吳歸談。

《耳談》卷十一，〈娶婦得郎〉

萬曆初，吳江下鄉有富人子顏生，喪父，未娶。洞庭西山高翁女，有美名。顏聞而慕之，使請婚焉。高方妙選佳婿，必欲覘面，而顏貌甚寢，乃飾其同窗表弟錢生以往，高翁大喜．姻議遂成。顏自以為得計。及娶，而高以太湖之隔，必欲親迎，且欲誇示佳婿於親鄰也。顏慮有中變，與媒議，復浼錢往。既達，高翁大會賓客。酒半，而狂風大作，舟不能發。高翁恐誤吉期，欲權就其家成禮，錢堅辭之。及明日，風愈狂，兼雪。眾賓俱來慫恿，錢不得已而從焉。私語其僕曰：「吾以成若主人之事，明神在上，誓不相負。」僕唯唯，亦未之信也。合卺之三日，風稍緩，高猶固留，錢不可，高夫婦乃具舫自送。僕者棹小舟，疾歸報信。顏見風雪連宵，固已氣憤。及聞錢權作新郎，大怒。俟錢登岸，不交一語，口手並發。高翁聞而駭然，解之不得，乃堅叩於旁之人，盡得其實。於是訟之縣官。錢生訴云：「衣食於表兄，惟命是聽。雖三宵同臥，未嘗解衣。」官使穩婆驗之，固處子也。顏大悔，願終其婚。而高翁以為一女無兩番花燭之理。官乃斷歸錢而責媒，錢竟與高女為夫婦。錢貧儒，賴婦成家焉。

《情史》卷二情緣類，〈吳江錢生〉

這兩則婚嫁故事，都曲折而帶有喜劇色彩。前一則故事敘寫男女方雙為了錢財與臉面，各有盤算，相互鬥心眼，虛與委蛇，卻天緣湊合，成就了另一對青年男女的婚事，頗為有趣。後一則故事的情節更為曲折多變，喜劇色彩更為濃郁。描述富家子顏生娶親時弄巧成拙，竟雞飛蛋打，同窗

表弟錢生貧而儒，卻巧結良緣，可謂天作之合。這樣的故事都十分有趣，無疑會給讀者、聽眾帶來不少欣賞樂趣。又如：

> 城中有女，許嫁鄉間富室。及期來迎，其夕失女所在，蓋與私人期而為巫臣之逃[8]矣。詰旦，家人莫為計，姑以女暴疾辭，而來償固已洞悉之矣。婿家禮筵方啟，嘉儀紛沓，翹企以待。比通者至，寂然。主人扣從者，皆莫能對。償以袂掩口附耳告曰：「新人少出。」不覺一笑而已。
>
> 《猥談・新人》

> 原邑子衿郭長泰，諸生，郭御所子也，英姿韶秀，十八遊庠。巾服謁諸親故，至一中表家，惟孀母與女在室，素不相避。鄰婦言：「才郎淑女，合是佳耦。」母曰：「然。」此女不作羞態，端靜自若。郭生心善之，言於父，父以女家貧，媒者至，雖唯唯而姑緩焉。
>
> 後一富室重郭生才，欲婿之。父不令知，而委禽焉。或告孀氏，郭生已締姻矣。女聞言，手中扇不覺墜地，入室，無病而卒。生聞之曰：「莊而靜，信而貞，可再得乎！」不數月亦卒。兩人可謂心許矣。
>
> 《原李耳載》卷上，〈心許身殉〉

這兩則婚嫁故事，都以表現反抗包辦婚姻的鬥爭精神為題旨。前一則故事敘寫兩個戀人用逃婚的方式來反抗包辦婚姻，最終獲得勝利，筆致輕鬆幽默。後一則故事敘寫兩個戀人以死來反抗包辦婚姻和表示對心上人的忠貞不渝，氛圍頗為凝重，讓讀者、聽眾唏噓不已。

這個時期的婚嫁故事，尚有寫蕭縣王女出嫁時下車方便，忽被大風吹上空中，落到五十里外人家桑樹上，翌日送歸乃復成婚的《菽園雜記・新娘上空》、寫當媒氏登門時，二女竟忘記父親叮嚀，顯露出口吃毛病，讓媒氏拔腿離去的《應諧錄・吃女》、寫某婚家女富男貧，男家恐其賴婚，

---

[8] 巫臣：即屈巫，亦稱申公巫臣。春秋楚人。因其曾盜夏姬奔晉，後人常以巫臣之逃為攜女出逃的隱語。

乃率眾搶女，誤背出小姨，女家追呼「搶差了」，小姨卻道「不差，快走」的《笑林‧搶婚》、寫王善聰女扮男裝，隨父外出販貨，父死又與鄉人李英合夥經營數載，當李知其為女，乃遣媒提親，最終結為伉儷的《情史‧王善聰》等。

第五節　明代的美德故事

　　明代的美德故事，以表現和稱頌各種傳統優秀道德、品格為內容，涉及面較廣，包括扶助貧弱，富於同情心；知恩圖報，珍視友誼；捨己救人，不畏強暴；謙和禮讓，寬以待人；重義輕財，拾金不昧等等。這類故事，大都思想性較強，對於提高世人的道德水平，淨化社會風氣，推動社會進步頗有裨益。譬如：

　　　　太倉州吏顧某，凡迎送官府，主城外賣餅江某家，往來如姻。後餅家被仇唉盜攀染下獄，顧集眾訴其冤，得釋。江有女，年十七矣，卜日送至顧所，曰：「感公活命之恩，貧無以報，願將弱息為公箕帚妾。」

　　　　顧留之，月餘使妻具禮送歸。父母詢之，女獨處一室，顧未嘗近也。父又攜女而往，顧復卻還。後餅家益窘，鬻女於商。

　　　　又數年，顧考滿赴京，撥韓侍郎門下辦事。一旦，侍郎他適，顧偶坐前堂檻上，聞夫人出，趨避。夫人見而召之，旋跪庭中，不敢仰視。夫人曰：「起，起，君非太倉顧提控手？識我否？」顧莫知所以。乃謂曰：「身即賣餅兒也。賴某商以女蓄之，嫁充相公少房。尋繼正室，秋毫皆君所致也。第恨無由報德，今幸相逢，當為相公言之。」侍郎歸，乃備陳首末。侍郎曰：「仁人也，盍揚之。」竟上其事。孝宗稱嘆，命查何部缺官，遂除禮部主事。

　　　　　　　　　　　　　　　　　　《說聽》卷下，「太倉顧某」

　　　　聞世廟時江右一顯者宦於朝，其子數寄書曰：「鄉人每歲占墙址，不肯休。」顯者得書，題其尾曰：「紙紙家書只說墙，讓渠

徑尺有何妨？秦王枉作千年計，只見城墻不見王。」遂緘封卻寄。
子誦其詩，謂父駑下，不能助己洩忿，遂棄其書於地。鄰人偶拾得
之，感服顯者盛德，自毀其墻，恣顯者之子所取。已而兩相讓，各
得其平，相安如舊。

《雪濤小說‧戒吞產》「讓墻」

　　這兩則故事的主角都是官吏，所不同的是其官位高下有極大的差異。
前一則故事的主角顧某是州衙中掌刑名訴訟案卷文牘的未入流的小吏。
其人頗能接近下層民眾，體恤弱勢群體，急人之所急。在為平民百姓申
冤後，決不要人報答，善待貧苦人家，具有高尚的品格、操守，非常難能
可貴。其人後來有機緣得以拜官授職為正六品的禮部主事，乃是其人品使
然，也寄托了民眾的感情。後一則故事的主角乃是朝中的高官顯爵。但他
不以勢壓人，並且採取禮讓的態度息事寧人，化解矛盾，因而使得鄰里相
安如舊。他如此豁達，明智，足見其品德，涵養達到出類拔萃的境界。這
一則故事以其深刻的意蘊而受到各地民眾的喜愛，自明清至現當代廣為流
布，發展成為一個知名度很高的民間故事類型──讓墻詩型故事。又如：

　　余少聞蔣氏姑言：蘇城有少婦張氏，歸寧，使青衣挈首飾一箱
隨後。中途如廁，遺卻。既行始覺，返覓，則有丐者守之，即以授
還，曰：「命窮至此，奈何又攘無故之財乎！」婢大喜，以一釵為
謝。丐笑麾之曰：「不取多金，乃獨愛一釵耶！」婢曰：「兒倘失
金，何以見主母，必投死所矣。遇君得之，是賜我金而生吾死也。縱
君不望報，敢忘大德乎！吾家某巷，今後，每日早午，俟君到門，當分
日食以食君。」丐者曰：「爾身在內，何由得見？」婢曰：「門前有長
竹，第搖之，則知君來矣。」丐如言往，婢出食之。久而家眾皆知，聞
於主翁，疑有外情，鞫之，吐實。翁義之。召丐畜於家，後以婢配焉。

《說聽》卷下，「蘇城丐者」

　　羅倫領鄉薦北上，宿旅舍，僕拾一金釧，匿以不告。行兩日，
倫謂僕曰：「路費不足，奈何？」僕曰：「無慮。」出金釧，告

以故。倫大怒，欲親賫付還。僕屈指曰：「如此往返，會試無及矣。」倫曰：「此物必婢僕失遺，萬一主人拷訊致死，是誰之咎？吾寧不會試，不可令人死非命也。」竟返至其家。果係一婢潑洗面水，釧在水中誤投於地。主母疑婢，鞭笞流血，幾次尋死。夫復疑妻私匿，辱罵無休。妻亦憤怒欲投繯。公至出釧還之，全此兩命，一家感激。街鄰觀嘆者如堵。急復趨京，已二月初四，倉皇投卷，是科狀元及第。

《昨非庵日纂》卷二十，「赴試還釧」

　　這兩則故事均以拾金不昧為題材。前一則故事的還金者是社會地位最為卑賤的乞丐，然而其人卻有著高尚的品德、美好的心靈。這則故事質樸而富有民間文學特色。乞丐還金，話語實實在在；婢女報恩，行動實實在在；主人獎勵善行，舉措實實在在，無不給人留下難忘的印象。後一則故事的還金者是一位赴考的書生，同樣具有高尚的品德和美好的心靈。舊時讀書人十分看重功名。但故事主角羅某卻更看重他人的性命。他不怕影響會試，毅然返回旅舍歸還金釧，挽救了婢女和主母二人的性命，其義舉深受世人的敬佩。

　　值得特別提及的是，這個時期的美德故事有一個重要內容是展現和贊頌抗倭英雄勇敢殺敵、視死如歸的道德風尚。這個時期，日本海盜即倭寇屢次對我國沿海各地，尤其是對江蘇、浙江、福建一帶進行騷擾劫掠，無惡不作，十分猖獗。在抗擊倭寇的征戰中，不但湧現了譚綸、戚繼光、俞大猷等民族英雄，而且湧現了許許多多的無名勇士，他們的凜然正義和大無畏的精神，可歌可泣，永垂青史。試看：

　　　　古稱操舟者為「長年」。王長年，閩人，失其名。自少有膽勇，漁海上。嘉靖己未，倭薄會城大掠，長年為賊得，挾入舟。舟中賊五十餘人。同執者男婦十餘人，財物珍奇甚眾。

　　　　賊舟數百艘，同日揚帆泛海去。長年既被執，時時陽為好語媚賊，酋甚親信之；又業已入舟，則盡解諸執者縛，不為防。長年乘間謂同執者曰：「若等思歸乎？能從吾計，且與若歸。」皆泣曰：

「幸甚！計安出？」長年曰：「賊舟還，將抵國，不吾備，今幸東北風利，誠能醉賊，奪其刀，盡殺之，因捩舵飽帆歸，此不可失也。」皆曰：「善！」

會舟夜碇[9]海中，相與定計，令諸婦女勸賊酒，賊度近家，喜甚。諸婦更為媚歌唱，迭勸，賊叫跳歡喜，飲大醉，臥相枕藉。婦人收其刀以出。長年手巨斧，餘人執刀，盡斫五十餘賊，斷纜發舟。旁舟賊覺，追之。我舟人持磁器雜物奮擊，斃一酋。長年故善舟，追不及。日夜乘風舉帆，行抵岸。長年既盡割賊級，因私剜其舌，別藏之。挾金帛，並諸男婦登岸。

將歸，官軍見之，盡奪其級與金。長年禿而黃鬚，類夷人，並縛詣鎮將所，妄言捕得賊。零舟首虜，生口具在，請得上功幕府。鎮將大喜，將斬長年，並上功。鎮將，故州人也。長年急，乃作鄉語，歷言殺賊奔歸狀。鎮將喈[10]曰：「若言斬賊級，豈有驗乎？」長年探懷中藏舌示之。鎮將驗賊首，皆無舌。諸軍乃大駭服。事上幕府，中丞某，召至軍門復按，皆實。用長年為裨將，謝不欲。則賜酒，鼓吹乘馬，繞示諸營三日，予金帛遣歸，並遣諸男婦，而論罪官軍欲奪其功者。長年今尚在，老矣，益禿，貧甚，猶操漁舟。

《湧幢小品》卷三十，〈王長年〉

丐者張二郎，莫知其所自始。善泅水，伏水中能月餘不食，又蹻健不懼死。嘉靖甲寅倭亂，張應募。方太守雙江公令為哨探。數泅水入賊巢，得真耗，且時斬倭首以獻。有銀牌、犒金之賜，俱不受。請歸府庫，犒以酒肉，則受。

賊平論功，應世襲百戶。郡縣加以章服，妻以妓女，卻之，惟願乞食。夜則臥嶽廟中，嬉嬉無憂色。後方開府江南。訪張，得之金剛足下。召令領犒金，仍笑不受。與酒肉，則忻然謝而去。

《雲間雜志‧丐者張二郎》

---

9 碇（dìng定）：船停泊時沉入水中用以穩定船身的石墩。此處意為下碇。
10 喈（jiè借）：讚嘆聲。

這兩則故事都發生在十六世紀中葉，即倭寇最為猖獗的時期。而抗倭殺賊的鬥士，都是下層民眾的無名英雄。前一則故事的情節較為曲折，富有傳奇性。故事主角是既有膽勇又有謀略的海上漁民。作品通過殺倭寇、鬥官軍兩件面臨生死考驗的事件來刻畫其人，驚心動魄，很有感染力。後一則故事的情節簡略，不以故事性取勝，而以展現故事主角的獨特性格為著眼點。其人乃是一個善泅水的乞丐，抗倭時應募做了哨探，屢建奇功，卻不願接受各種獎賞，平倭後仍然當他的乞丐，逍遙自在。

這個時期的美德故事，尚有寫二商賈誤入終南山，猿啼虎嘯，自意必死，幸遇勇士母子餉以酒肉，並將二人護送出險境的《蘋野纂聞・終南勇士》、寫某翁丟失之子為酤酒李百戶收養，待其如同己出，二載後其生父找來，遂讓其領去的《說聽・李百戶還兒》、寫一童子被逐四處流浪，在古廟中拾得一包金銀，竟將其歸還失主，因而使入獄者得救生還，後童子得善報做了三品武官的《庚巳編・還金童子》、寫一縣令得知所買婢子係淪落民間之前縣令千金，遂求良媛將其出嫁的《何氏語林・鍾離君嫁婢女》、寫靳翁五旬無子，夫人鬻釵梳買鄰女作妾，翁以為不可辱，乃謁鄰返其女的《昨非庵日纂・返鄰女》、寫大軍逼城時韓女作男裝混處民間，被虜居伍中七年而人莫知其為女，後遇叔父遂贖其回鄉出嫁的《玉池屑談・貞女》、寫劉翁夫婦收養之義子劉奇與劉方，友愛甚篤，劉翁夫婦亡故後，劉奇發現劉方為女子，遂托媒結為夫妻，擇吉告於三家父母墓的《情史・劉奇》、寫石某從賊營中死裏逃生後立志擒賊，越兩載賊復來犯，石某糾數百里村民伏擊，斬殺千餘，生擒五百，自此賊不敢再經其地的《原李耳載・義俠擒賊》等。

第六節　明代的詩對故事

詩對故事，是明代寫實故事中數量較多的一類。它們以吟詩、屬對作為故事的核心或支點。其中的詩歌、對聯，內容多種多樣，涉及面甚廣，諸如揭露官府黑暗、官吏腐敗，譏誚富人慳吝、徭役兇狠、庸醫無能，反映人際關係、民生狀況，等等。作品大都短小而富有趣味性，頗受民眾喜愛，在相當程度上顯示出明代寫實故事更加大眾化，更加貼進世俗生活的傾向。

一、明代的吟詩故事

明代吟詩故事中的詩歌，大多通俗曉暢，琅琅上口，其中的不少作品都帶有諷刺意味。譬如：

> 富陽俞克明既宦而貪，家有田與他塍相連，每歲令人侵其畔，鄉民苦之。其族人俞古章者賦詩一絕云：「一年一寸苦相侵，一尺元來十度春。若使百年侵一丈，世間那得萬年人。」
>
> 《客坐新聞・詩刺貪徒》

> 正德間徽郡天旱，府守祈雨欠誠，而神無感應。無賴子作十七字詩嘲之云：「太守出禱雨，萬民皆喜悅；昨夜推窗看，見月。」守知，令人捕至，責過十八，止曰：「汝善作嘲詩耶？」其人不應。守以詩非己出，根追作者。又不應。守立曰：「汝能再作十七字詩則恕之，否則罪置重刑。」無賴應聲曰：「作詩十七字，被責一十八；若上萬言書，打殺。」守亦哂而逐之。此世之所少，無賴亦可謂勇也。
>
> 《七修類稿》卷四十九，〈十七字詩〉

這兩則吟詩故事均以官吏為譏諷對象。前一則故事諷刺並詛咒侵占鄉民田地的官宦人家，揭露其貪婪本性，筆鋒犀利。後一則故事嘲諷壓制民眾怨言的官員，譏刺其無能而兇狠，語多詼諧，甚有情趣，是「十七字詩」的佳作。又如：

> 吾邑趙漸齋先生佃戶陸大老者，樸野勤儉，頗足衣食。忽有嘉興捕盜兵數人擁入其家，稱賊攀指，綁縛至舟次，出一賊喝曰：「汝寄某物於彼賊？」應聲云：「某物，某物。」拷掠追索，陸不勝苦楚，罄家所有悉與之，猶不足，則賣田房為贖。
>
> 既獲免，不勝憤憤，告於監司，行縣追問。陸素訥，不能質對，謀於漸齋。漸齋贈以詩云：「自昔只聞人捕虎，於今駕虎遍傷

人。何時得向龔黃[11]語，除盜先除捕盜兵。」若因其被害而慰解之者，且戒之曰：「勿洩。」候質對時有不如意，即出此。

陸如其言，遂得直捕兵追贓，發戍矣。

《祐山雜說‧駕虎傷人》

至正間，風紀之司，贓污狼籍，是時金鼓音節迎送廉訪使，例用二聲鼓、一聲鑼。起解強盜，則用一聲鼓、一聲鑼。有輕薄子為詩嘲曰：「解賊一金並一鼓，迎官兩鼓一聲鑼。金鼓看來都一樣，官人與賊不爭[12]多。」

《古今譚概》口碑部第三十一，〈金鼓詩〉

這兩則都是揭露、嘲諷官盜勾結、官盜一體的吟詩故事。前一則故事在揭露了官府捕盜兵串通強盜，誣詔鄉民，使其傾家蕩產的罪惡行徑，抨擊兵盜狼狽為奸的現狀，一針見血。後一則故事借押解強盜與迎送官員的習俗，譏笑官賊一般多，百姓苦不堪言，入木三分。再如：

一庸醫治一肥漢而死，其家難之，曰：「我饒你，不告狀，但為我我[13]葬埋。」醫人貧甚，率其妻與二子共抬，至中途，力不能舉。乃吟詩曰：「自主相傳歷世醫。」妻續云：「丈夫為事連累妻。」長子續云：「可奈屍肥抬不動，」次子續云：「這遭只選瘦人醫。」

《雪濤諧史》「這遭只選瘦人醫」

蘇人有二婿者，長秀才，次書手；每薄次婿之不文，次婿恨甚，請試。翁指庭前山茶為題。咏曰：「據看庭前一樹茶，如何違限不開花？信牌即仰東風去，火速明朝便發芽。」翁曰：「詩非不通，但純是衙門氣。」再命咏月，咏云：「領甚公文離海角？奉何信票到天涯？私渡關津猶可恕，不合賽夜入人家。」翁大笑曰：「汝大

---

[11] 龔黃：指漢代循吏龔遂、黃霸。

[12] 不爭：當真。

[13] 我我：疑為「我家」之誤。

姨夫亦有此詩，何不學他？」因請誦之，聞首句云：「清光一片照姑蘇，」嘩曰：「差了，月豈偏照姑蘇乎？須雲照姑蘇等處。」

《笑府‧書手賦詩》

這兩則故事亦以詩歌作為諷刺的武器，但諷刺的對象各不相同。前一則故事嘲謔經常治死病患的庸醫，後一則故事譏笑吟詩句句不脫衙門氣的書手（舊時在衙中辦理文書的小吏），諧詼中包含辛辣，亦頗有趣。

這個時期的吟詩故事，尚有寫「穩婆生子收生處，醫士醫人死病家，更有一般堪笑事，捕官被盜叫爺爺」的《七修類稿‧三笑事》、寫老儒吟詩「風寒月黑夜迢迢，孤負勞心此一遭，只有古書三四束，也堪將去教心曹」，使無所得之入室盜賊含笑而去的《綠雪亭雜言‧贈盜詩》、寫以「士子謁黌宮，紛紛盡鞠躬，頭黑身上白，米蟲」嘲太學生的《逌旃瑣言‧十七字詩》、寫一婦以夫盜牛事犯，上縣尹詩「洗面盆為鏡，梳頭水當油，妾身非織女，夫倒會牽牛」免其罪的《戒庵老人漫筆‧盜以詩免》、寫翟某吟詩嘲人連年生女：「去歲相招雲弄瓦，今年弄瓦不相招，寄詩上覆鄒光大，令正原來是瓦窯」的《說聽‧原來是瓦窯》、寫里人以詩「父傳子神傳不像，子寫父真寫不真，至親骨肉尚如此，何況區區陌路人」嘲某畫家父子的《說聽‧嘲父子畫像》、寫香客受怠慢後題詩「龕龍東去海，時日隱西斜，敬文今不在，碎石入流沙」藏「合寺苟卒」辱寺僧的《何氏語林‧青龍寺題詩》、寫鄭唐為乞題老者題曰「精神炯炯，老貌堂堂，烏巾白髮，龜鶴呈祥」暗譏其為「精老烏龜」的《駒陰冗記‧鄭唐詼諧》、寫鄉士某詩贈娶尼為妻者曰「短髮蓬鬆綠未勻，袈裟脫卻著紅裙，於今嫁與張郎去，贏得僧敲月下門」的《駒陰冗記‧尼嫁士人》、寫有廚人進茶迎合帝心，詔賜冠帶，一老生員夜吟「十載寒窗下，何如一盞茶」，帝微行聞而應云「他才不如你，你命不如他」的《古今譚概‧帝王言命》等。

二、明代的屬對故事

明代屬對故事中的對聯，大多十分短小，故事性不強，而以對聯的巧

妙、風趣、波峭取勝。不少佳作能夠給讀者、聽眾帶來欣賞樂趣，多有回味。譬如：

> 唐皋以翰林使朝鮮。其主出對曰：「琴瑟琵琶，八大王一般頭面。」皋即應對曰：「魑魅魍魎，四小鬼各自肚腸。」主大駭服。
>
> 《古今譚概》談資部第二十九，〈唐狀元對〉

> 都憲韓公雍巡江西日，方鞫死獄，忽誦句云：「水上凍冰，冰積雪，雪上加霜。」久不能對。一囚曰：「囚冒死敢對。」公曰：「汝能對，貸汝死。」囚曰：「空中騰霧，霧成雲，雲開見日。」公撫掌稱善，果為減死。
>
> 《駒陰冗記·善對減死》

這兩則故事，通過屬對來刻畫人物，一則故事顯示我國使臣藐視邪惡的非凡氣度，一則故事表現囚犯過人的機靈和才幹，都令人耳目一新。又如：

> 江西郭希顏，十三歲中鄉舉，在場屋作文甚捷。監場布政見其遞卷尚早，呼前出一對云：「紙糊屏風千個眼。」對曰：「油澆蠟燭一條心。」福建戴大賓十三中鄉舉，十一二時出考科舉，同輩見其少，謂曰：「小朋友如此年就要做官，做到何官？」答曰：「做閣老。」眾戲出一對云「未老思閣老」，應聲云「無才做秀才」。眾哄然大笑，知反為所傷也。
>
> 《戒庵老人漫筆》卷一，〈郭戴幼穎〉

> 解大紳年七歲，其父引入江上洗浴，將衣掛於樹上，口占云：「千年古樹為衣架。」大紳應曰：「萬里長江當洗盆。」
>
> 《談叢·方解於三公》「萬里長江當洗盆」

這兩則故事的幾位主角，日後都才華出眾，大有作為。前一則故事通過應對來展現其少年才俊的文思敏捷，後一則故事通過應對來揭示其年幼

時即有遠大抱負,均頗有意蘊。再如:

> 吳中有一老故微而窶,初弄蛇為生。其長子行乞,次子釣蛙,季子謳采蓮歌以丐食。晚致富厚。一日其老聚族謀曰:「吾起家側微,今幸饒於資,須更業習文學方可振家聲也。」於是延塾師館督,令三子受業逾季。塾師時時譽諸子,業日益。其老乃具燕集賓,延名儒試之。
>
> 名儒至,則試以耦語。初試季子云:「紛紛柳絮飛。」季子對曰:「哩哩蓮花落。」繼試仲子云:「紅杏枝頭飛粉蝶。」仲子對曰:「綠楊樹下釣青蛙。」卒試長子云:「九重殿下排兩班文武官員。」長子對曰:「十字街頭叫幾聲衣食父母。」其老竊聆之,咤曰:「阿曹云云猶舊時所弄蛇家語也。」
>
> 《權子‧家語》

> 有孝廉者姓張,奸李屠兒之妻,方執手調笑,屠兒適至,鎖閉其門,用竹杖從門枋下擊孝廉脛。孝廉哀求得脫,告屠兒於官,稱往渠家買鹽被毆。縣官已悉前情,乃署一聯狀尾曰:「張孝廉買鹽,自牖執其手;李屠兒吃醋,以杖叩其脛。」
>
> 《雪濤諧史》「張孝廉與李屠兒」

這兩則故事內容各異,屬對聯語都頗有趣味性。前一則故事挖苦暴富的窶人之子雖然就讀,仍三句話不離本行,屬對時難免露出弄蛇乞食真面目。後一則故事稱道審案縣令詼諧善斷,用兩句聯語即將案情概括得十分明晰。

這個時期的屬對故事,尚有寫洪武末文皇帝出對曰:「天寒地凍,水無一點不成冰」姚廣孝應曰;「國亂民貧,王不出頭誰做主」的《明廷雜記‧善對》、寫昆山一縣尉體肥而一校官年少,尉戲校曰「二三十歲小先生」,校應曰:「四五百斤肥典史」的《寓圃雜記‧捷對》、寫虜使稱「朝無相,邊無將,氣數相將」無能對,李西涯聞而應曰「天難度,地難量,乾坤度量」的《玉堂叢語‧乾坤度量》、寫一監察御史飲

寺中，出句「三尊大佛，坐獅坐象坐蓮花」，八九歲神童於謙對曰「一介書生，攀鳳攀龍攀桂子」的《談叢‧方解於三公‧于謙巧對》、寫一生與江西督學同名，督學出對試之：「藺相如，司馬相如，名相如實不相如」，生對曰：「魏無忌，長孫無忌，人無忌名亦無忌」的《雪濤諧史‧名亦無忌》、寫周尚書少時為吳尚書器重，許妻以女，一日召飲，坐上果有藕、杏，乃出對句雲「緣荷方得藕」，周應聲雲「有杏不須梅」的《客座贅語‧吳公擇婿》、寫一匠人頗知書義，自稱儒匠，一道士請其做工，出聯曰：「匠名儒匠，君子儒，小人儒？」匠對曰：「人號道人，餓鬼道，畜生道」的《華筵趣樂談笑酒令‧刺道士》、寫舉子甲因不能對「鼠偷鹽繭，渾如獅子拋球」抑鬱而死，鬼魂常誦此對，舉子乙對云：「蟹入魚罾，卻似蜘蛛結網」，怪遂絕響的《古今譚概‧鬼對》等。

第七節　明代的呆子故事

　　明代寫實故事中的呆子故事，作品數量不少，大都篇幅短小，包含一些笑話的因素。這一類故事，一般都通過世人熟悉的各種日常生活場景來刻畫故事主角的痴呆、愚笨、迂闊的性格，引人發噱。其中的多數作品以逗樂為題旨，某些佳作亦頗有寓意，令人回味。譬如：

　　　　尉有夜半擊令之門者，求見甚急。令曰：「半夜有何事，請俟旦。」尉曰：「不可。」披衣遽起取火，延尉入坐，未定，問曰：「事何急？豈有盜賊竊發，君欲往捕耶？」曰：「非也。」「然則家有倉卒疾病耶？」曰：「非也。」「然則何以不待旦？」曰：「某見春夏之交，農事方興，百姓皆下田，又使養蠶，恐民力不給。」令曰：「然則君有何策？」曰：「某見冬間，農隙無事，不若移令此時養蠶，實為兩便。」令笑曰：「君策甚善，古人不及。但冬月何處得桑？」尉瞠目久之，拱手長揖曰：「夜已深，伏維安置。」

　　　　　　　　　　　　　　　　　　　　　　《五雜俎‧夜半擊門》

家有一坐頭，絕低矮。（迂）公每坐，必取瓷片支其四足。後不勝煩，忽思得策，呼侍者移置樓上坐。及坐時，低如故，乃曰：「人言樓高，浪得名耳。」遂命毀樓。

《迂仙別記》「矮坐頭」

　　這兩則故事都描述故事主角生性迂拙，思想方法極具片面性。前一則故事寫縣尉用心雖好，卻從根本上脫離生活，不諳農桑，方有只知其一不知其二的迂腐之論。後一則故事寫迂公忽視凳矮的基本事實而埋怨樓不高，足見其愚不可及。又如：

有受人雇覓，而代之見官受打者，以其所得之錢與行杖皂隸，打之稍輕。既出，則向雇己之人叩頭曰：「恩主爺，不虧你的錢，就打殺了。」

《笑贊》「代人受打者」

有一癡人出街，遇一相士，論人手足云：「男人手如綿，身邊有閒錢；婦人手如薑，財穀滿倉箱。」癡人聞言，拍掌大笑曰：「我的妻子手如薑也。」相士曰：「何以見之？」癡人曰：「昨日被他打了一下嘴巴，到今日還辣辣的。」

《時尚笑談‧看相》

　　這兩則故事的主角都蠢笨無比，極沒有頭腦。前一則故事寫某個寫代人受打的愚人被打後，竟然去向雇主叩頭致謝，後一則故事寫某個懼內痴漢被悍妻掌嘴後，反而洋洋自得，雖然都有所誇張，卻不失真。再如：

有呆子者，父出門，令其守店。忽有買貨者至，問：「尊翁有麼？」曰：「無。」「尊堂有麼？」亦曰：「無。」父歸知之，謂子曰：「尊翁，我也；尊堂，汝母也，何得言無？」子懊怒曰：「誰知你夫婦兩人都是要賣的。」

《笑府‧呆子守店》

一人遠出，囑其子曰：「如有人問你令尊，可對以小事出外，請進拜茶。」又以其呆，恐忘也，書紙付之。子置袖中，時取看，至第三日，無人來問，以此紙無用，付之燈火。第四日忽有客至，問令尊，覓袖中紙不得，因對曰：「沒了。」客驚曰：「幾時沒的？」對曰；「昨夜燒了。」

《笑林·問令尊》

這兩則有關父母問答的呆子故事，構思巧妙，對話有趣，都帶有抖包袱的特徵，令人忍俊不禁，娛樂性頗強。

這個時期的呆子故事，尚有寫一呆僕未聽完主人吩咐即飛往城中，被央求替人頂名查點，讓縣官打十板的《笑贊·僕入城》、寫一痴人夢拾白布，天明蓬頭往染匠家求染，匠問布在何處，則云「是我昨夜夢見在」的《笑禪錄·痴人染布》、寫父命呆子一言一動皆效師所為，呆子領命侍師食，師食亦食，師飲亦飲，師失笑而噴嚏，呆子忙說「吾師此等妙處實難學也」的《解慍編·妙處難學》、寫妻家宴會時痴婿常被壓坐下位，一日入座妻教其去坐高處，痴婿乃升庭中梯上坐，妻怒目指示，痴婿大呼「終不成叫我天上去坐」的《解慍編·天上坐》、寫久雨屋漏，迂公不得不呼匠修繕，工畢竟連日晴朗，迂公日夕仰屋長嘆「才修屋便無雨，豈不白折了也」的《迂公別記·修屋漏》、寫一呆婿至妻家吃凍冰味美，乃以紙裏匿腰間啖其妻，至家索之已消，驚曰「出了一泡尿，逃走了」的《笑府·凍冰》、寫一呆縣丞乘舟謁上官，上官問其船泊何處，對曰：「船在河裏」，上官叱其「真草包」，某人應道：「草包也在船裏」的《雅謔·呆縣丞》等。

第五章　明代的寫實故事（下）

第八節　明代的僧道故事

明代以出家人作為主角的僧道故事，具有兩個特點：一、故事主角包括和尚、尼姑、道士等，以和尚居多；二、作品從正反兩個方面來展示寺廟與出家人的生活，以揭露寺廟黑暗和出家人劣跡的題材居多。譬如：

> 景泰中有僧約眾期焚身，錢鏹坌集。至時果就火，民擁仰。巡按御史聞之來視，令止炬。扣所願，三四不應。御史訝，令人升柴棚察之，僧但攢眉墮淚，凝手足坐，不動不言。御史命之下，亦不能。乃諸髡縛著薪上，加以緇衲，而麻藥噤其口耳。伺其蘇，訊得之乃知歲如此。先邀厚施，比期取一愚髡當之也。遂抵於辟。
>
> 《九朝野記・焚身騙局》

> 有僧異貌，能絕粒，瓢衲之外絲粟俱無，坐徽商木筏上，旬日不食不饑。商試之，放其筏中流，又旬日亦如此，乃相率禮拜，稱為活佛，競相供養。曰：「無用供養，我某山寺頭陀，以大殿毀，欲從檀越乞布施，作無量功德。」因出疏令各占甲乙畢，仍期某月日入寺相見。及期眾往，詢寺絕無此僧。殿即毀，亦無乞施者。方與僧駭之，忽見伽藍[14]貌酷似僧，懷中有簿，即前疏。眾詫神異，喜施千金，恐淺語有損功德，戒勿相傳。後乃知始塑像因僧異貌，遂肖之作此伎倆，而不食乃以乾牛肉爨大數珠數十顆，暗啖之，皆奸僧所為。王元禛談。
>
> 《耳談》卷十三〈僧詐〉

---

[14] 伽藍：即佛教寺院的守護神伽藍神。

這兩則都是揭露佛寺奸僧騙財的故事。前一則故事寫佛寺奸僧設焚身騙局騙取香客布施，大量斂財，後為精明的巡按御史識破，及時解救被害人，嚴懲惡徒。後一則故事寫佛寺奸僧設羅漢騙局騙取富商布施。奸僧所設騙局裡面的異僧乘船絕粒、伽藍神塑像酷似化緣異僧等環節，絲絲入扣，使應約去佛寺的徽商不能不落入陷阱，足見奸僧工於心計，騙術非比尋常。這些故事都給讀者、聽眾敲起了警鐘，讓他們不可麻痺大意，放鬆警惕。又如：

> 吳中一生與臨安某僧相善，從遊最久。一日，過寺值僧他出，徑入其所居奧室，見榻前懸一小木魚，無心敲擊，忽榻後板鈴響，一少婦出，即士所識中表戚也。兩相駭詫。板即屏內一片，而巧合縫，可開可閉，所謂地窖子也。婦懼縮入，生亦奔歸，遇僧於門。僧既驚失鎖戶而又訝，生色異，知事已露，故以好強挽生返，曰：「今日之事，勢不兩生，惟足下自裁。」生亦嗟訝曰：「自墮火坑，知賊突不能釋我，固我死日第求一大醉而子誦經拜懺，我甘自縊耳。」僧從之，大嚼以酒而拜誦如法。生睨其罍巨，注酒復滿，當其拜伏即舉以擊，僧腦破，連刺之死，奔出以聞郡，盡屠諸僧。婦女出者凡六輩，皆先後盜入或以求子誘入者。
>
> 《耳談》卷七，〈臨安寺僧〉

> 京師人王武功，居靰帆巷。妻有美色。化緣僧過門，見而悅之。陰設挑致之策，而未得便。會王生將赴官淮上，與妻坐簾內，一外僕頂盒至前，云：「聰大師傳信縣君，相別有日，無以表意，漫奉此送路。」語訖即去。王夫婦亟啟盒，乃肉饆百枚。剖其中，藏小金牌餅，重一錢，以為誤也，復剖其他盡然。王作聲叱妻曰：「我疑此禿朝夕往來於門，必有故，今果爾。」即訴於縣府。僧已竄，不知名字、居止，無從緝捕。王棄妻，單車赴任。妻亦無以自明，因繫累月。府尹以為疑獄，命錄付外舍，窮無取食。僧聞而潛歸，密賂針婦，說之曰：「汝今日餓死矣！我引爾至某寺，為大眾僧縫紉度日，以俟武功回心何如？」王妻勉從其言。既往，正入前

僧之室。藏於地阱，奸污自如。久而稍聽其出入，遂伺隙告邐卒。
執僧到官，伏罪，王妻亦懷恨以死。

《情史》卷十四情仇類，〈王武功妻〉

　　這兩則均為控訴淫僧罪惡的故事，情節帶有傳奇色彩。前一則故事寫
淫僧長期摧殘落入魔窟婦女。其中所刻畫的兇惡殘忍的淫僧和機敏果敢的
書生，都頗為生動。後一則故事通過對淫僧由離間王生夫妻到被執伏法過
程的描述，揭露出披著袈裟的歹徒無比陰毒，並且說明為惡者終遭報應，
不會有好下場，亦具有警世作用。再如：

　　　　敍州富順縣生員車晃幼嘗在一寺讀書，偶聞寺僧多欲謀害一僧
　　者，晃憐之，陰漏語使逃。後晃以渡江遭颶風覆溺，見一僧拯援而
　　起。初莫知誰何，張目熟視之，乃知其為向者逃逸之僧也。彼此拜
　　哭而伸謝。嗚呼，人生報復之不爽有如此哉！

《宦游紀聞·救僧起溺》

　　　　姑蘇洞庭山一僧甚有口才，一庠生至其山中，問曰：「和尚和
　　尚，禿驢『禿』字是如何寫？」僧答曰：「禿驢『禿』字，即是秀
　　才『秀』字掉轉尾兒。」聞者服其巧而且確。

《雪濤諧史》「巧答問字」

　　這兩則展示出家人品格或才智的故事，都頗為短小有趣。前一則故
事寫某僧在風暴中冒險救起昔日救命恩人，表現了其人知恩報恩的品德。
後一則故事寫某僧巧答問字，使欲侮辱他人者反受侮辱，足見其人思惟敏
捷，口才出眾。
　　這個時期的僧道故事，尚有寫常熟一會試舉人入京師一尼寺被留，
與眾尼淫樂多日，後懼而逾垣逃出，已消瘦疲憊不堪的《菽園雜記·舉
子逃命》、寫雨花臺南回回寺中有一番僧，每日只食數棗，坐入一僅能
容身龕中月餘不出，潛聽之但聞捻念珠歷歷的《青溪暇筆·番僧》、寫
趙頭陀來自終南山，不剃鬚髮，冬夏唯一裘，或數日不食，或日食肉

數斤，某年死於縣橋旁，後又出現在杭州的《寓圃雜記‧吃肉和尚坐化》、寫一點道士騙姦某婦，假意脫冠為質，後向其夫索要，婦執冠嘆曰：「今後，今後⋯⋯」其夫不察，忙曰：「你快快還他，管他金厚金薄」的《雪濤諧史‧點道士騙姦》、寫一齋家欲請數位道士設醮，某道士極貪財，一人包做各種事項，日夜不停，腳忙手亂，第三日竟暈厥在地，齋家請人扛他，他掙命道：「請將工銀與我，等我慢慢爬出去罷」的《解慍編‧道士色醮》、寫一僧見田家牛肥碩，遂置鹽於前使牛常舔之，隨即泣告田家；「君牛乃吾父後身，父以夢告我，今欲贖歸。」主乃以牛與僧的《耳談‧譎僧騙牛》、寫僧惠明買通一婆子，設計使周氏被夫出，乃畜發娶周氏，後無意中吐露真情，周氏立告官，終將惠明處死的《情史‧金山僧惠明》、寫監生赫某入尼庵與兩尼分別寢處，得病亡故被潛瘞庵後，日久事洩，庵尼被官府杖責，遣之還俗的《情史‧赫應祥》等。

第九節　明代的盜賊故事

　　明代的盜賊故事，作品數量不少，主要包含兩個部分的內容，一部分作品描述盜匪、竊賊生活，尤其是其作案犯事的諸多方面；一部分作品描述世人對付盜匪、竊賊的各種作為，既有智鬥，也有力拼。此類作品不論長短，大都帶有一定的傳奇性，比較吸引讀者、聽眾。譬如：

　　　　蘇城商人蔡某，嘗泊舟京口，見一客長軀偉貌，須髯被腹，髭長數寸，蔽口。竊計其有礙飲食，乃邀入食肆以觀之。客臨食，脫帽，拔髻中二簪，綰其髭，插入兩鬢，長歠大嚼，旁若無人。飲已，謝去，曰：「感君厚情，何以為報？」令舟中取一木棍授之，云：「倘舟行有人侵侮，當以此示之，云髯子老官壓驚棍在此，彼必退去。」

　　　　後行江中，猝遇暴客，蔡如其言，果不犯而去。如是者再，始知其為暴客之渠魁，威信素行於人故也。蔡後死九江，客聞之，賻以白金，遣人護喪至京口而去。

　　　　　　　　　　　　　　　　　　《菽園雜記》卷八「髯子老官」

萬曆戊子己丑間，留都有飛盜。其來也，不由門竇，僅於屋上揭瓦去椽，垂縆而下。有盜人樓閣中物，經數月主人猶不知者。甚苦其盜，而緝捕不可得，後乃為其僕所首。其人姓周，居南門之大街，衣冠車從若大家然，亦與士大夫往還。夜從其家登屋，步瓦上若飛而無聲，其子尤狡黠矯捷，手持尺木點地，即墻檐高一二丈已躍而上矣。問得其情，斃於獄。其子竟先逸去，終已不獲。常見友人被盜處，屋瓦揭動數尺，而上灰無至地者，亦是奇賊。

《客座贅語》卷九，〈飛盜〉

　　這兩則均為描繪盜賊面目的故事。前一則故事寫某商請客而得盜魁厚報，表現了某些盜匪頭目豪爽、重情義的性格特徵。後一則故事寫飛盜父子行竊作案的奇妙功夫，無不讓讀者、聽眾大開眼界。又如：

　　劉滋，濮陽人，少為庠士。家貧，田不二十畝，又值水旱，無以自活，乃盡鬻其田，逐什一之利。十餘年致數萬金。為人慷慨，重然諾，取舍不苟，尤善心計。

　　家藏白鏹，皆鑄大錠，錠四十斤，覆樓板下。有劇盜韓氏者，使其黨五十餘，越城劫之。得劉，劉曰：「若輩利吾財乎？」曰：「然。」指板下示之，曰：「惟若所取。」賊見大鏹，喜甚，盡力攜之，人不過二錠。既去，劉告家人，亟遠匿。

　　賊且復至，賊既登城，復命於韓。韓見金良久，曰：「不殺此人，吾輩且無噍類[15]。」亟褫往跡之，無所得。韓曰：「敗矣！」攜數錠遠遁去。

　　既明，鄉人唁劉，劉笑曰：「財固在也。」告官捕之，不數十里，賊盡獲。金皆如故。獨失韓所攜耳。

《湧幢小品》卷九，〈吳劉心計‧劉滋〉

---

[15] 噍（jiǎo 釂）類，特指活著的人。

蘭陽處士丘琥，山西布政陵之子，商游吳中，嘗過丹陽買舟行。一人來附舟，直入寢所。琥識其狀盜也，佯落籌舟底，盡出其衣篋，鋪設而求之。又自解其衣以示無物，又俾家僮與之酌酒。夜則自撫其臥側。明日，其人去。未幾，其人殺人於丹陽城中被縛，乃以其事語人曰：「吾幾誤殺丘公也。」人服丘之智。

《駒陰冗記‧識盜免禍》

這兩則均為展示世人巧妙應對盜賊的故事。前一則故事寫劉某富而慷慨，無比精明，禦盜多有心計，賊黨皆不是其對手，幾乎被一網打盡。後一則故事寫一處士遇盜時冷靜應對，得以化險為夷。作品對故事主角的刻畫，落墨不多，卻頗為鮮活，給人留下較深的印象。再如：

鄺典者，前京兆鄺公埜之裔也，為府學諸生，齒[16]且宿矣。訓童子於大中橋尹氏，夜臥館中，有群盜猝至，扣主人門不啟，捽鄺令呼以入，鄺曰：「不可。」盜以刃迫之，生大言曰：「吾受主人請，教若子。今乃為若輩呼其門以劫之，此豈複有人理耶？汝殺則殺，吾口不可開也。」盜不得已，掠生衣被而縛之。至天明，主人開門乃解其縛。

《客座贅語》卷八〈鄺生〉

遼陽東山人剽掠至一家，男子俱不在，在者惟三四婦人耳。賊不知虛實，不敢入其室，於院中以弓矢恐之。室中兩婦引繩，一婦安矢於繩，自窗棚而射之數矢，賊猶不退，矢竭矣。乃大聲詭呼曰：「取箭來！」自棚上以麻秸一束擲於地，作矢聲。賊驚曰：「彼矢多如是，不易制也。」遂退擊。

《醫閭漫記‧遼陽婦退賊》

---

[16] 齒：錄用。

這兩則均為身處險境者正面抗禦盜匪的故事。前一則故事寫文弱書生不畏盜匪脅迫，在群盜面前大義凜然，使其無從得逞。後一則故事寫閱歷有限的幾個村婦臨危不懼，勇敢迎戰強盜，並以機智退敵。兩則故事無不真切感人，富有教育意義和認識價值。

這個時期的盜賊故事，尚有寫某莊一壯男歸家，居室皆空，外出覓見被虜去妻子，密約夜間製造火警，射殺出逃諸賊，挈妻子歸家的《醫閭漫記‧夫妻殺賊》、寫張生好虛誇，出游時一夕停船靠岸，出酒器獨酌，為盜者所窺，深夜殺之取酒器去，皆銅而塗金者的《寓圃雜記‧張生被盜》、寫商人金某販布湖廣時在江中遭劫，盜魁乃昔日在酒館共飲者，因免於難，且贈金為其壓驚的《說聽‧金德宣》、寫某老之子學偷，入富室大櫃被鎖，乃作鼠囓聲令主開鎖逐鼠，因得逃脫的《應諧錄‧學偷》、寫一賊白晝入戶竊磬出時遇主人歸來，忙問主人買磬否？主人至晚覓磬時方知被偷的《雪濤諧史‧偷磬賊》、寫一客在湖中被劫殺，其妻妾為盜魁霸占，一夕盜魁生日，二婦將群盜灌醉，急往告官而將其一網打盡的《雪濤小說‧婦制盜》、寫一盜臨刑，借吮母乳而將母乳頭咬下，因告刑者其少時盜一菜一薪，母見而喜，以至不檢，遂有今日的《讀書鏡‧芒山盜》、寫一鄰人為賊穴壁入戶被大木擊斃，其家新婦令納屍空箱抬至賊家門首，賊婦謂是其夫所盜，搬入後只得悄悄埋葬的《耳談‧新婦制賊》、寫一偷兒從水竇中入太倉庫竊得一大寶，置頭頂如前出，至寶之半與另一偷兒相頂，俱不能退，竟死於寶中的《古今譚概‧太倉庫偷兒》、寫一瘸盜與二盜入巨家行竊，同夥將其置室內運物，最後藏入櫃中從屋頂吊出，天明時瘸盜在櫃中大叫「盜劫我」，嚇走同夥，獨得金資歸的《古今譚概‧何大復‧戇盜篇》等。

第十節　明代的騙子、無賴故事

明代的騙子、無賴故事，皆具有較強的揭露性和批判性。其故事主角大都為躋身各行業、各階層的社會渣滓。騙子與無賴之間往往有著這樣那樣的關聯。他們的所作所為無不擾亂社會秩序，給世人帶來煩惱和苦痛。

一、明代的騙子故事

　　明代的騙子故事，描述各種以行騙為生者，不斷施展騙術、製造騙局以騙財、騙錢、騙物、騙色，坑害民眾，給社會帶來不安，危害很大，讓人切齒痛恨。比如：

> 　　會稽王某，家雄於資。至正間，困於徭役，門戶零落。一術士以六物推人禍福，主其家，禮遇甚厚。無何，與其人散步園中，其人指池水謂王曰：「君家積德何厚？池中水皆銀也，吾能煉之。用銀二三鎰作六釜，俟吾西游還試之。」如期而至，取池水熾炭淪之，涸則益以水。如是者一月，別以藥投之，釜中皆成銀。王氏異之，厚贈其人，別去，期再至，竟不來矣。權其釜，大虧銖兩，所得之銀即釜也。富家子弟愚呆而貪，為妄人侮惑如此，大可為戒。
>
> 　　　　　　　　　　　　　　　　　　　《霏雪錄》「術士煉銀」

> 　　嘉靖中，松江一監生，博學有口，而酷信丹術。有丹士先以小試取信，乃大出其金，而盡竊之。生慚憤甚，欲廣游以冀一遇。忽一日，值於吳之閶門。丹士不俟啟齒，即邀飲肆中，殷勤謝過。既而謀曰：「吾儕得金，隨手費去。今東山一大姓，業有成約，俟吾師來舉事。君肯權作吾師，取償於彼，易易耳！」生急於得金，許之。乃令剪髮為頭陀，事以師禮。大姓接其談鋒，深相欽服，日與款接，而以丹事委其徒輩，且謂師在，無慮也。一旦複竊金去，執其師，欲訟之官。生號泣自明，僅而得釋。及歸，親知見其髮種種，皆訕笑焉。
>
> 　　　　　　　《古今譚概》譎智部第二十一，〈丹客・監生被騙〉

　　這兩則均為騙子以「煉金術」行騙的故事。前一則故事發生在元末的浙江，寫騙以術士面目出現，以謊稱可用池水煉銀而騙得富家子的厚贈，富家子則因貪財而受騙上當。故事對騙人者與受騙者皆有所揭露和嘲諷。

後一則故事發生在明代中葉的江蘇，寫騙子以丹士的面目出現，用所謂的煉金術到處行騙，可悲的是那位信丹術的監生，在受騙之後還幫助騙子去騙他人，差點被人送官府法辦，不能不讓人恥笑。又如：

> 嘉靖乙丑，有游食樂工乘騎者七人至綿州，未詳何省人。其所持舞襴衫服整潔鮮明，拋戈擲瓮，歌喉宛轉，腔調琅然，咸稱有遏雲之態。適余憲副至，舉城士夫商賈，無不欣悅，以為奇遇。搬作雜劇，連霄達旦者數日，久而情洽。一日浼眾曰：「今夕改作雜劇，手服以新視聽。」遍索士夫富室陳列珍玩器具，衣著織金彩服。乃令綿城樂工代司鼓樂，至夜闌俟人酣倦矣，忽隱几者，大半乘機催迫，鼓樂喧震作雞鳴渡關，七人以次入瓮，久之寂然。破瓮索之，了無所得。所騙銀不止數百兩，惟司鼓樂者枉受刑罰而已。嗚呼，此即遁身掩形之法，苟非識者堅弗之信，難免墮其術中矣。
>
> 《宦游紀聞·伶人眩騙》

> 胠篋惟京師最黠。有盜能以一錢誆百金者，作貴游衣冠，先詣馬市，呼賣胡床者與一錢，戒曰：「吾即乘馬，爾以胡床侍。」其人許諾。乃謂馬主「吾欲市駿，試可，乃論價。」馬主謹奉羈靮。其人設胡床，盜上馬疾馳而去。馬主初意設胡床者其僕也，已知其非，乃亟追之。盜徑扣官店，維馬於門云：「吾某太監家下，欲緞匹若干，以馬為質，用則奉價。」店睹良馬不之疑，如數畀之，負而去。俄而馬主踪跡至店，與之爭馬，成訟。有司不能決，為平分其馬價云。
>
> 《智囊補》雜智部卷二十七，〈黠點·一錢誆百金〉

這兩則均為揭露其他騙術的故事。前一則故事描述團夥行騙，騙子七人以游食樂工的身份出現，表演歌舞、雜劇，一下騙走富室數百兩紋銀，胃口不可謂不大。後一則故事描述個人行騙，一個黠點的騙子以連環騙的手段，先騙取駿馬，再以駿馬為質騙取緞匹，僅僅用一文錢便大有斬獲，並且引起市場混亂，商賈紛爭，其能量不可小覷。

二、明代的無賴故事

　　明代的無賴故事，其內容與騙子故事比較接近，描述各種游手好閑的無賴之徒放刀撒潑，胡攪蠻纏，欺詐無辜，訛人錢財，在民眾中間的影響非常壞，成為社會的一個毒瘤。比如：

> 　　常州一士夫之兄極惡，歲暮謂群僕曰：「可尋事來，為過年費。」僕四出無所得。卒之郊，有葬者，棺好而無持服之人，疑有故。夜發之，乃一少婦，衣飾如生，當是大家妾暴死者，群僕舁至小船中，設四盒，縛一鵝於上，若訪親者。薄暮遇貨船，故撞之，傾屍於河，鵝撲撲飛水面，大呼大船撞覆小船，吾娘子溺水，因縛商撈屍，延明日始得，果一婦人死矣。商大窘，願悉貨贖罪。並船戶所有盡擄之，商倉卒竟不知婦人實已死者也。其人後為巡按訪察，緣弟宦免，至今買冠帶，駕樓船，出入鼓吹，虎視鄉里。
>
> 　　　　　　　　　　　　　　　　　　　　《賢博編》「傾屍訛人」

> 　　有惡少，值歲畢時，無錢過歲。妻方問計，惡少曰：「我自有處。」適見篦頭者過其門，喚入梳篦，且曰：「為我剃去眉毛。」才剃一邊，輒大嚷曰：「從來篦頭有損人眉宇者乎？」欲扭赴官。篦者懼怕，願以三百錢陪情，惡少受而卒歲。妻見眉去一留一，曰：「曷若都剃去好看。」惡少答曰：「你沒算計了，這一邊眉毛，留過元宵節。」
>
> 　　　　　　　　　　　　　　　　　　　　《雪濤諧史》「惡少剃眉」

　　這兩則均為無賴之徒訛詐世人的故事。前一則故事的事大，描述有錢的無賴領著一幫僕人，借女屍製造撞船溺死假相，訛詐商人一船貨物。其後事情敗露，因有為官的兄弟袒護，不但沒有受到懲罰，而且繼續橫行鄉里。後一則故事的事小，描述窮酸惡少用剃眉毛的手段訛詐篦頭者三百錢過年，既可恨又可悲。又如：

有孀婦與子同居者，一無賴貸之金，久而不償。孀婦向其家索負，而令其子守家，子僅數歲耳。無賴謬謂孀婦曰：「家貧不能償負，願得他假以踐夙約，盍少待。」孀婦許諾。

無賴即馳至婦家，謂其子曰：「汝母在吾家，欲往探親，令汝取床頭首飾匣來。」其子信之，持匣與無賴偕行。中途熱甚，謂其子曰：「溪流潔清，可滌煩也。」遂偕浴於溪中，誘其子抵中流，推而溺之。無賴密藏其匣，佯為無從稱貸者，於邑以歸，謝孀婦去。

婦歸，索其子不得，哀號者竟夕。明旦，其子從外來，謂無賴詒我共浴而溺我，水中若有物扶吾背者，泅而流十餘里，始傍岸得救。孀婦鳴之官。無賴謂其子已死，猶挺然強辯，及見此兒，即便俯首。

《粵劍編》卷二「無賴伏罪」

欠債不應所索，反詆之曰：「我有頭親事，是寡婦，饒有私蓄，只可惜無本錢下禮，汝若助我取來，不但可還前欠，還有得借你。」其人信以為實，出銀幫之。此人得銀，先將房屋裝折齊整，其人愈信。他日過其門而叩之，聞內有婦人聲應曰：「拙夫出外去了。」如是數過，不覺心動，因穴窗窺之，見無婦人，乃此人拈鼻所為，大怒，破窗而入，亂拳毆之，其人猶拈鼻喊云：「拙夫欠債，卻與奴家何干！」

《精選雅笑·躲債》

這兩則均為無賴之徒欠債不還的故事。前一則故事描述無賴向孀婦借貸不還，進而行騙，推其幼子溺水而奪走首飾匣，更為惡劣，但最終落入法網，未能逃脫懲罰。後一則故事描述無賴借債非但不還，反而另設騙局，再次向債主借錢，上演了一場丟人現眼的鬧劇。

這個時期的騙子、無賴故事，尚有寫數人設圈套引誘一富而吝寺僧與一妓女所飾民女交合，竟被縛受到懲罰的《賢博編·吝僧上當》、寫兄弟二人素妄誕，受人賤惡，欲入淨水中洗去謊詐，兄懷一片牛脯投水，詒弟

稱為龍王賞賜，弟急投水，觸石流血，謊稱龍王冤我偷脯，當頭劈一斧的《解慍編‧妄誕不改》、寫一入京候選士人久客橐空，欲貸千金，一騙子冒充內相謊稱願意借貸，待收到士人所送百金之禮後，竟不知去向的《耳談‧貸金》、寫一狡黠少年以飲酒出店令酒家如不見之術，換得賣藥人觀音大士售藥之術，賣藥人稱大士手是磁石，少年稱不過先付酒錢的《古今譚概‧易術》、寫一老嫗登門與鰥居老翁婚配，嫗之子拜老翁為繼父，後嫗孫迎親，老翁一家前往祝賀，老嫗及子、孫將賓客衣飾財物卷走，只得由老翁賠償的《智囊補‧老嫗騙局》、寫道士某謊稱南京某一山西賈人內室之下有當年秦始皇埋金，賈人貪心乃大肆挖掘，驚動官府後賈人不得不饋三千金求免罪的《智囊補‧南京道者》、寫徽人某叔侄爭坆，徽侄饋重金托巡撫公子為其疏通，後來發現上當，方知為地棍所設假公子騙局的《智囊補‧假公子》等。

第十一節　明代的動物故事

明代的動物故事，是以動物為主角的一類寫實故事，既有動物之間的故事，也有動物與人的故事，而以動物與人的故事居多。其內容比較豐富，包括動物鳴冤、動物護主、動物報恩、動物除兇、保護動物、人獸婚配等，以動物鳴冤、動物除兇兩類作品的數量較多。出現在此類故事中的動物有犬、虎、猴、貓、牛、蛙、蜂、鵲、雁等，以犬和虎最為突出。這些動物故事中的主角，大都通人性，同情受害者，具有嫉惡如仇，善良忠誠的品質，無一不是活潑可愛的藝術形象。比如：

> 有傳《至神鵲鳴冤傳者》，事甚奇。傳云：
> 張興，盱眙人，以策驢為生，時往朱家林，獲二鵲歸。平明策驢出，兼籠二鵲，欲便市之。有一商貰其驢，冀往新溪，路見二鵲，急解金贖而縱之野，而橐裝已為所覘矣。遄幽闃地殺商，沉屍於灣河，盡有其橐中金而返，人莫之覺也。

一日，喬侯決獄，二鵲倏西至，飛鳴繞案，如怨如訴，遣之再三，竟不散。侯疑有佳報，乃搖吻鼓尾者三；疑有冤，兩作首肯狀。侯云：「果冤，爾當自屋梁上下更環飛三匝。」如其飛不爽。侯問：「冤何在？可銜簽與兩直兵去。」二鵲跳躑而前，後又或飛或落，若恐飛捷直兵不克追也。

　　行可三十里許灣河畔，輒投入水中去，久之出，喧噪異常，水面浮漚層起。直兵以復侯，侯躬往觀焉，鵲亦隨之往返。侯令漁人捕一伏屍如生，年約三十餘，背束大石，長鞭擁其項。仍諭鵲：「再示其圖之者為誰，我為若決之。」仍命兩直兵俱，別令數人尾其後，以俟可擒。

　　二鵲引如前，至平康村高槐下，茅屋五椽，編棘為籬，騾二頭在焉。鵲竟噪其檐，其人出，輒集其肩臂而頻噪之。其人怒欲擊，復立噪於屋。直兵悟，紿云：「吾輩緣公務，欲騾走長清橋。」其人以力怯辭，直兵言：「去寧倍金謝。」因行。其人馳騾足下，見直兵腰懸鞭策，即熟視而辨認之，蓋謀商時用以擁項者也。直兵特袖之來，欲探其意耳。幸累錯愕，業自敗，厥情益實。

　　約半途，直兵連尾之者，已執矣。侯細鞫成招，銀四十兩，檢之其家，尚完璧，第瑣碎者稍費一二，終不招其商之姓氏與鄉籍何如也。遂下獄擬罪，而浮瘞商於東城下，二鵲因俯首致謝，後於瘞商處旋摩悲鳴，猶不忍割。侯遂付民家籠養此鵲，以候上官定奪發落。

《戒庵老人漫筆》卷七，〈神鵲鳴冤〉

　　紹興郡丞張公佐治擢金華守，去郡至一處，見蝌蚪[17]無數，夾道鳴噪，皆昂首若有訴。公異之，下輿步視，而蝌蚪皆跳躑為前導，至田間，三屍疊焉。公有力，手挈二屍起，其下一屍微動，湯灌之，逡巡間復活，曰：「我商也，道見二人肩兩筐適市，皆蝌蚪也，意傷之，購以放生。二人復曰：『此皆淺水，雖放，人必復

---

[17] 這則故事中的蝌蚪實為青蛙。

獲。前有清淵，此放生地也。』『我從之至此，不虞斧出，三人死焉。二僕有腰纏，求之不獲，必解金與購而累累者見，故誘至此行殺而奪金也。』公命急捕之，人金皆得，以屬其守吾鄉石公昆玉，公一訊皆吐實以抵死，而腰纏歸商。吳寧伯說。

《耳談》卷七，〈金華守張公〉

這兩則均為動物鳴冤的故事，故事主角都是小動物。前一則故事情節曲折、生動，注意細節描摹，其故事主角喜鵲通靈性，有智慧，知恩圖報，在鳴冤懲兇過程中發揮了不可替代的作用，刻畫得相當成功。後一則故事情節較簡略，亦頗生動有趣。眾青蛙鳴冤引路，救活恩人，讓兇手落入法網，同樣令人嘆服。又如：

成化間，有一富商寓在京齊化門一寺中，寺僧見其挾重資，因乞施焉。商領之而未發也。僧自度其寺荒寂，乃約眾徒先殺其僕二，即以帛縊商死，埋寺後坑中，以二僕屍壓其上，實之以土，盡取其所有。

越二日，有貴官因游賞過其寺，寺犬鳴噪不已，使人逐之，去而復來。官疑之，命人隨犬所至。犬至坎所伏地悲噪。官使人發視之，屍見矣。起屍而下有呻吟之聲，乃商人復醒也。以湯灌之，少頃能言。遂聞於朝，盡捕其僧，置於法。是歲例該度僧，因是而止。嗚呼，僧不若犬也哉！

《稗史彙編》卷一五七，〈禽獸門·獸三·犬報商冤〉

秦邦者，家饒好貨殖。永樂初，年已四十，將往京師，卜之不利。妻許氏，苦諫不聽。邦畜一白犬，相隨出入，甚有靈性。是日解纜，犬忽呼號躑躅，躍入舟中，銜邦衣裾，若阻行者。邦不悟，遂挈之偕行。

舟次張灣，有寇登舟，俱被刺死於水，惟白犬從後艙躍出，嚙一盜手幾殞。眾持刀來逐，犬赴水遁。賊既去，犬潛尾到家，默認其處。晝則覓食，夜伏水次守邦，如是數月，人皆異之。

未幾巡河御史呂希望至，見白犬號呼岸傍，狀如泣訴，異之，曰：「此必有冤。」命吏卒從。犬足爬地，果見邦屍。犬噪叫屍傍不去。希望曰：「此必故主被謀害，但不知兇人何在，犬能指其處乎？」犬搖首遂行，命吏隨之。里許，至一室，賊方會飲，犬徑入嚙之。

　　吏縛賊至，拷掠未服。忽一人啼而前訴曰：「某乃秦邦僕也。吾主被劫死，某亦被刺落水，幸而不死。此屍即吾主也。」賊遂伏罪。

　　其僕昇主柩還，犬亦隨到家，晝夜跧伏柩側，時或悲號。葬甫畢，犬觸樹而死。許氏義之，埋犬冢傍。許氏守節終身，被旌。

《湧幢小品》卷三十一，〈犬‧秦邦犬〉

　　這兩則均為義犬除兇的故事。前一則故事中的義犬為野犬，原本與受害者不相識，出於對受害者的同情才對贓官噪叫不已，最終使得富商獲救，並且令兇手伏法。後一則故事中的義犬乃是家犬。這一則作品通過阻行、認盜、告狀、捉兇、殉主等情節，非常真實感人地塑造了一個對主人忠心耿耿的義犬形象，不失為同類故事中的一篇佳作。再如：

　　正德間，木工邱高，奉化人，附東吳主人李七船造番夷。至海旁，渡舟山，遘癘且死，眾棄之山麓而去。數日不死。忽一虎來，視眈眈，聲咆哮，斂齒而不哽，若憫其垂死者。高始怖甚，既見其不哽，沾沾可親，因指口求食。虎去，以兔豕來，不可食。虎，雌虎也，故相依坐身畔，飼以乳。高賴虎乳得活。數日起行，因敲石取火，掇朽枝煨食，日益強健。與虎相習，漸有牝牡之事。後有雄虎來求配，虎怒，相搏，高倚虎持竿逐之，去遠且已。久之，虎遂有娠，生一子，居然人也。高謂虎曰：「虎妻，虎妻，吾逗此荒山，雖生猶死。遠望有舟山可居，恨無舟楫。汝識水性否？」虎帖耳聽受，便躍入海，如履地，尾如檣，已而登岸。高左挾子，右持斧鋸，騎虎渡海，尾後生風。俄頃，已到舟山。眾皆驚避，高止之曰：「無傷也。」高伐木，結茆屋，囑虎曰：「汝勿晝出。」虎

聽其語，夜拖獸鹿。高畫則鷙之。人呼為邱虎嫂。生子，名虎孫，性猛悍，虎項，獨骨臂，年十二，力舉數百斤。或薦於浙省督府胡公，捧檄招來。破倭成功，受上賞。後高死，與虎合葬，成冢曰「虎冢」。至今海上談者，謂猛虎可親，必指「虎冢」云。

《情史》卷二十三情通類，〈虎‧邱虎嫂〉

弘治間，河南虞人[18]獲一雌雁，縛其羽，蓄諸場圃，以媒他雁。至次年來賓時，其雄者與群雁飛鳴而過。雌認其聲，仰空號鳴。雄亦認其聲，遂飛落圃中。交頸悲號，其聲鳴鳴，若相哀訴者。良久，其雄飛起半空欲去，徘徊，視其雌不能飛，復飛落地上，旋轉叫號，聲亦悲惻。如此者三四次，知終不能飛去，乃共嚙頸蹂蹴，遂相憤觸而死。

《情史》卷二十三情通類，〈雁‧雌雄恩義〉

這兩則均為展示夫妻情分的動物故事。前一則故事系人獸婚故事，敘寫雌虎通人性，知情義，與落難木工結為夫婦，興家立業，傳宗接代，相伴終生。這在人獸婚故事中亦不多見。後一則故事系雌雄動物之間的故事，將大雁配偶之間彼此關心，相互體恤，寧可犧牲性命也不願分離的真摯情愫，描繪得細緻入微，感人至深。

這個時期的動物故事，尚有寫一飛蟲挂於蛛網上，一蜂往救，數次含水濕蟲，久之得脫的《菽園雜記‧蜂義》、寫將西番使臣入貢之猫罩於鐵籠，置空屋內，明日起視，有數十鼠死籠外的《庚巳編‧猫王》、寫主家因事舉家逃走後，二犬守寶不去，半年餘俱死，空屋內有骨二具的《賢博編‧二犬守寶》、寫區某以蓑衣覆蓋被追之虎，使虎免遭格殺，虎隨後送禽獸助區某祭祀的《虎苑‧區寶救虎》、寫餓虎入李某家不食其孫，而去豬圈食豬，夜間銜一豬至李家，其豬大過所食之豬的《虎苑‧銜豕來報》、寫一民婦山行被執而為老猴妻，歲餘生一人身猴面之子，後乘間攜子逃回夫家的《說聽‧阿周》、寫某商夜行誤墮虎穴，虎晝取物食之，夜

---

[18] 虞人：古代掌管山澤苑囿、田獵的官員。

歸護佑之，月餘載某商躍出，後此虎被縛，眾義其所為而將其放歸深山的《湧幢小品・虎・義虎》、寫徐某與兄刈薪時，其兄為虎噬，徐某持木棒與虎鬥多時，虎受傷走，乃與眾輿兄屍歸，徐某力竭而病歿的《湧幢小品・虎・徐恩鬥虎》、寫王某被誣後，其家我耕牛奔至縣官前跪而悲，若有所訴，使王某被釋並捕得殺人真兇的《湧幢小品・牛》、寫一猴之主人被殺害後，兇手強其作戲乞錢，猴嚙繩告官，於破窯內覓得猴主屍體，遂將兇手處死的《湧幢小品・猴》、寫乙殺甲而奪其妻，一虎將乙咬死，使甲妻與受傷未死之甲得以團聚的《情史・虎・義虎除奸》等。

第六章　明代的民間笑話

　　明代是中國民間笑話的一個很重要的發展階段。宋元以來，隨著城市經濟的逐漸繁榮，通俗文學和諷刺藝術創作日益興盛，民間笑話呈現出不斷發展的態勢，到了明代進入一個空前繁榮的高峰期。明代笑話主要具有「三多」（即作品多、專集多、佳作多）的特點。具體而言，這個時期的民間笑話有以下三點比較突出：一、民間笑話創作空前活躍，產生了一大批笑話，作品數量之多為古代任何一個時期所不及。二、對民間笑話的錄寫、編選空前活躍，不但有許多筆記小說錄寫了當時流布的民間笑話，而且出現了一批笑話故事專集，像《笑贊》、《笑禪錄》、《雪濤諧史》、《解慍編》、《時興笑話》、《笑林》、《雅謔》、《笑府》、《廣笑府》、《精選雅笑》、《笑海千金》、《時尚笑談》等，對後世民間笑話的發展影響甚大。三、笑話藝術日臻成熟，湧現了大批笑話名篇佳作，膾炙人口，廣為流布，至今仍然具有生命力。其中有不少佳作後世已演化為民間故事類型，其數量遠超過以往各個時期由民間笑話演變而成的民間故事類型。

　　這個時期的民間笑話，按內容大致可分為嘲諷笑話、勸誡笑話、諧趣笑話三類。每一類的作品數量都很多，而以勸誡笑話最為豐富。

第一節　明代的嘲諷笑話

　　嘲諷笑話，是明代民間笑話中批判性強烈，鋒芒頗為尖銳的一類。其中以嘲諷官府的笑話最為常見，亦最為突出。

一、明代嘲諷官府的笑話

　　這個時期諷刺官府的笑話，既有抨擊貪官污吏的作品，又有揭露官府黑暗和官吏昏聵無能的作品。

諷刺鋒芒針對貪官污吏的笑話，比如：

> 新官赴任，問吏胥曰：「做官事體當如何？」吏曰：「一年
> 要清，二年半清，三年便混。」官歎曰：「教我如何熬得到第三
> 年？」
>
> 《解慍編》卷二，〈新官赴任問例〉

> 有官人者，性貪。初上任，謁城隍，見神座兩旁懸有銀錠，謂
> 左右曰：「與我收回。」左右曰：「此假銀耳。」官人曰：「我知
> 是假的，但今日新任，要取個進財吉兆。」
>
> 《雪濤諧史》，「假銀也收」

這兩則嘲諷新上任貪官的笑話，從問例與討吉兆的不同視角，將其
急於貪贓斂財的迫切心態描繪得活靈活現，誇張而不失真，入木三分。
又如：

> 張賈二姓，爭買魚相毆訟於官。官素貪墨，能巧取民財，判
> 云：「二人姓張姓賈，爭買鮮魚廝打，兩家各去安生，留下魚兒作
> 鮓。」二人既失望，乃故買一棺，假意爭訟，料官諱此兇器，決無
> 收留之理。及訟於庭，官為之判曰：「二人姓張姓賈，爭買棺材廝
> 打。材蓋與你收回，材底留我餵馬。」
>
> 《解慍編》卷二，〈爭魚納鮓〉

> 一官府生辰，吏曹聞其屬鼠，釀黃金鑄一鼠為壽。官喜曰：
> 「汝知奶奶生辰亦在日下手？奶奶是屬牛的。」
>
> 《笑府·刺俗》，「奶奶屬牛」

這兩則笑話，嘲諷貪官利用判案、祝壽的機會，向百姓和下屬敲詐勒
索，均虛構巧妙，描寫生動，無疑是此類笑話的代表性作品。再如：

一仕宦貪墨之甚，及去任，倉庫為之一空，其民作德政謠云：「來時蕭索去時豐，官帑民財一掃空；只有江山移不去，臨行寫入畫圖中。」

《解慍編》卷二，〈貪墨〉

　　一吏人貪婪無厭，遇物必取，人無不被害者。友人戲之曰：「觀汝所為，他日出身除是管廁溷斯無所取耳。」吏曰：「我若司廁，一般有錢欲登廁者，禁之不許，彼必賂我；本不登廁者，逼之登廁，彼無奈何，豈患不賂我耶？」

《廣笑府》卷二，〈廁吏〉

　　這兩則笑話，以鄙夷、挖苦的口吻揭露貪官污吏貪得無厭，恣意搜刮，甚至連無法移動的江山也不放過，或者連管理廁所也要榨取錢財，對其盡竭冷嘲熱諷之能事，痛快淋漓，讓讀者、聽眾感到無比解氣。

　　諷刺鋒芒針對官府黑暗和官吏昏聵無能的笑話，比如：

　　官值暑月，欲尋避暑之地，同僚紛議，或曰：「某山幽雅。」或曰：「某寺清涼。」一皂隸曰：「細思之，總不如此公廳上可乘涼。」官問何故，答曰：「此地有天無日頭。」

《解慍編》卷二，〈有天無日〉

　　商則為虞丘尉，值縣令丞多貪。一日，宴會起舞，令丞舞皆動手，則但回身而已。令問其故，則曰：「長官動手，贊府[19]亦動手，惟有一個尉又動手，百姓何容活耶！」

《五雜俎》卷十六，「百姓何容活」

---

[19] 贊府：縣丞的別稱。

這兩則嘲諷官府黑暗的笑話，各有側重。前一則笑話針對總體狀況落筆，嘲詠官府有天無日，黑暗無比。後一則笑話鋒的芒指向官府成員，譏諷其主事官吏個個貪墨，百姓難以活命。又如：

> 一青盲人涉訟，自訴眼瞎。官曰：「一雙青白眼，如何詐瞎？」答曰：「老爺看小人是清白的，小人看老爺是糊塗的。」
>
> 《笑林・青盲》

> 有訟失牛於官者，吏問：「幾時失的？」答以明日。吏不覺失笑，官怒指吏曰：「是你偷在那裡？」吏灑其兩袖曰：「憑爺搜。」
>
> 《精選雅笑・搜牛》

這兩則嘲諷官吏昏庸的笑話亦各有側重。前一則笑話針對其基本特徵落筆，譏貶官吏的糊塗。後一則笑話通過審案，具體暴露官吏的昏蒙，嘲譴其不明事理，荒唐可笑。兩則笑話皆有較高的藝術質量，無不令讀者、聽眾忍俊不禁。

這個時期嘲諷官府的笑話，尚有寫某秀才設教縣衙，教千字文時嘲縣官「壞了一縣」，嘲州官「壞了一州」的《解慍編・壞了一州》、寫一士人屬對時，當面譏呵「縣尉下鄉來，不知多少擾人」的《解慍編・官府下鄉》、寫一官吏犯贓致罪獲免後，發誓再不接人錢財，未久有訟者饋鈔求勝，忙說「你既如此殷勤，且權放在我靴筒裡」的《解慍編・吏人立誓》、寫一郡從事不諳文理，妄引律斷獄，竟判持麵粉與麩子走匿他所僧徒犯「背夫逃走」罪的《雪濤諧史》「背夫逃走」、寫兩道士當門飲酒，見巡捕官即忙躲桌下，稱「這樣官專管賊盜」的《時興笑話・道士》、寫一官嗜酒怠政，貪財酷民，百姓作五言八句譏其「但知錢與酒，不管正和公」的《時尚笑談・嘲官不明》、寫一秀才送鵝與學官，學官道受鵝無食餵它可不餓死？不受又失一節，如何是好？秀才云「請受下，餓死事小，失節事大」的《時尚笑談・嘲學官貪贓》、寫一失馬鞍者執一面長而凹者，認以為鞍，將往聽斷於官，路人謂長面者曰「勸兄賠他些價罷，若經官定是斷給」的《笑府・長面》等。

二、明代嘲諷為富不仁者的笑話

這個時期嘲諷為富不仁者的笑話，以譏誚富人鄙吝、刻薄、愛財如命的作品居多，幾乎都是圍繞「錢財」來展開描寫，捕捉笑料。比如：

> 一富翁極鄙吝，欲延師教子，思得不食不飲者乃可招致。或告曰：「某先生不用飲食，只吃南風一味。」富翁聞知，喜。既而沉思曰：「更與吾妻論定，方可請他。」歸而謀於婦，婦曰：「未可，未可。你且不要輕易，倘若一日發北風，你將何物與他吃？」
>
> 《解慍編》卷一，〈南風先生〉

> 主人待僕從甚薄，衣食常不周。僕聞秋蟬鳴，問主人曰：「此鳴者何物？」主人曰：「秋蟬。」僕曰：「蟬食何物？」主人曰：「吸風飲露耳。」僕問：「蟬衣著否？」主人曰：「不用。」僕曰：「此蟬正好跟我主人。」
>
> 《廣笑府》卷五，〈秋蟬〉

這兩則均是採用誇張手法諷刺慳吝財主待人刻薄的笑話。前一則笑話訕笑財主延師教子，一心要找不吃不喝之人，竟連光喝南風的先生也不願意請。後一則笑話譏貶財主待僕刻薄，以為只有吸風飲露、不穿衣裳的秋蟬適合跟他，足見為富不仁者待人刻毒之至，到了無以復加的程度。又如：

> 有富翁山行而攖於虎，其子操刀而逐之。翁在虎口，見其子呼謂之曰：「刺則刺，毋刺傷其皮。」既而虎死，翁得生。其子問之，翁曰：「得虎而售，利存乎皮，皮壞斯減賈，汝蔑所獲矣。吾為是懼，而亟汝語也。」
>
> 《客座贅語》卷六，〈謔語〉「毋刺傷虎皮」

一鄉人，極吝致富，病劇牽延不絕氣，哀告妻子曰：「我一生苦心貪吝，斷絕六親，今得富足，死後可剝皮賣與皮匠，割肉賣與屠，刮骨賣與漆店。」必欲妻子聽從，然後絕氣。既死半日，復蘇，囑妻子曰：「當今世情淺薄，切不可賒與他。」

《解慍編》卷七，〈死後不賒〉

這兩則挖苦吝嗇財主愛錢如命的笑話，無論寫其為保全虎皮而不顧惜自己的性命，還是寫其臨死還想著把自己的身體拿去賣錢，並叮嚀不可賒賬，無不嘲諷財主對金錢的渴求與追逐，不近人情，竟然捨生忘死，甚至到了死不瞑目的地步。

這個時期嘲諷為富不仁者的笑話，尚有寫有人家富而吝，其從弟入京注選[20]，不得已贈錢一緡，酒一壺，竟作簡曰「筋一條，血一壺，右件槌胸獻上，伏惟鐵心肝人留納」的《解慍編‧鐵心肝》、寫一富人待師甚薄，師笑問其家七德禽為何如此之盛？富人道吾只聞雞有五德，師云「五德之外更有二德，我吃得，你捨不得」的《解慍編‧七德雞》、寫富人某某性慳，生平不請一客，聞家奴抱怨「我家請客須待明世」時，罵道：「你許他明世，還要你做東道」的《雪濤諧史》「要你做東道」、寫某人不畜僮僕，止留一丐在家幹活，摘蕉葉蔽其下體，對外人稱「此奴自覓飯吃，我只管他穿著」的《雪濤諧史》「如此畜僕」、寫一商將江心寺壁上「江心賦」認作「江心賊」，其友說此是「賦」不是「賊」，商人道：「富便是富，有些『賊』形」的《華筵趣樂談笑酒令‧嘲富人為賊》等。

三、明代嘲諷殺人庸醫的笑話

這個時期嘲諷庸醫的笑話，主要諷刺醫術低下，人品卑劣，經常致死病，且不思改悔的醫生。其中有不少作品筆鋒犀利，諷刺性強，富於幽默感，藝術水平頗高。比如：

---

[20] 注選：應試獲者去尚書省先注其姓名履歷於冊，再經考詢而擬其官司。

張天師過金陵，見藥肆外多鬼，詢之，皆庸醫殺傷者，心甚惡之。後過一肆，門外止有四五鬼。意必醫良而鬼少也，因下馬體訪焉。問：「世醫乎？」答曰：「惶恐惶恐，才開鋪三四日矣。」

　　　　　　　　　　　　　　　　《解慍編》卷三，〈開鋪數日〉

　　病兒服藥後，腸中痛甚，其父走問醫生。醫者曰：「無妨，此病與藥鬥耳。」言未畢，家人踉蹡而至，報兒死矣。醫拊掌曰；「如何？畢竟我的藥高，令郎鬥他不過！」

　　　　　　　　　　　　　　　　　《時興笑話》卷下，〈藥斗〉

　　這兩則笑話，從不同的視角來抨擊、嘲謔殺人不見血的庸醫。前一則笑話從宏觀審視，譏笑、感歎世間致殘、致死病患的庸醫隨處可見，比比皆是。後一則笑話從微觀落墨，具體揭露庸醫殺病兒的經過，勾畫出其人非但不反省思過，反而文過飾非，誇誇其談的醜惡嘴臉。又如：

　　有醫死人兒，許以袖回殯殮者。其家恐見欺，命僕隨之。至橋中，忽取死兒擲諸河。僕怒曰：「如何拋了我家小舍？」醫曰：「非也。」因舉左袖曰：「汝家的自在。」

　　　　　　　　　　　　　　　　　《廣笑府》卷三，〈包殯殮〉

　　一庸醫不依本方，誤用藥餌，因而致死病者。病家責令醫生人妻、子唱挽歌舁柩出殯，庸醫唱曰：「祖公三代做太醫呵，呵咳。」其妻曰：「丈夫做事連累妻呵，呵咳。」幼子曰：「無奈亡靈十分重呵，呵咳。」長子曰：「以後只揀瘦的醫呵，呵咳。」

　　　　　　　　　　　　　　　　《解慍編》卷三，〈揀瘦者醫〉

　　這兩則笑話，均以庸醫為其致死病人送葬為題材，滑稽、荒誕，帶有一些黑色幽默的味道。前一則笑話採用誤會法的方式抖包袱，辛辣諷刺庸醫經常治死患兒，因而應對裕如，處之泰然。後一則笑話以唱蓮花落的形

式，譏呵三代為醫的那個庸醫將患者治死，卻絲毫不感到羞愧，只是讓其妻兒受到連累，叫苦不迭。

這個時期嘲諷庸醫的笑話，尚有寫一庸醫屢屢傷人，其僕厭而不順使令，醫怒罵「我教你死」，僕曰「我不輕易吃你藥，如何便會死」的《解慍編・醫僕應對》、寫一庸醫用針太深致死病者，主家逼令其全家舁櫬，高唱挽歌以辱之，醫讓妻低唱，妻曰「既要低低唱，當初何不淺淺斟（針）」的《廣笑府・淺斟低唱》、寫某兄飲庸醫藥致死，其弟號哭何時再得相見，醫稱「這個不難，但煎吃令兄藥渣便相見」的《雪濤諧史》「服藥渣相見」、寫一樵夫擔柴誤觸醫士，醫怒欲揮拳，樵跪曰「寧受腳踢。」旁人訝之，樵曰「經他手定然不活」的《時興笑話・勿動手》、寫一家小兒被醫殺後，主者派小使數人去辱罵，小使輩少頃歸來道「叫我那裡挨擠得上」的《時興笑話・醫生》、寫一醫生醫死人後為喪家所縛，夜自脫赴水遁歸，見其子正讀脈訣，急道「還是學游水要緊」的《笑府・學游水》等。

四、明代的其他嘲諷笑話

這個時期的其他嘲諷笑話，嘲諷的內容涉及諂諛取容，偽善欺詐，摻雜使假等社會上的各種醜惡現象和卑劣行徑，以嘻笑怒罵的方式表現出對於其人其事的深惡痛絕。比如：

> 一秀才死見冥王，自陳文才甚敏，王偶撒一屁，士即進前詞云云。王喜，命延壽一年。至期死，復詣王。適王退朝，鬼卒報有秀才求見。王問何人，鬼卒曰：「就是那做屁文字的秀才。」
>
> 《笑林・做屁》

> 粵令性悅諛，每布一政，群下交口讚譽，令乃驩。一隸欲阿其意，故從旁與人偶語曰：「凡居民上者，類喜人諛，惟阿主不然，視人譽蔑如耳。」其令耳之，亟召隸前，撫膺高蹈，嘉賞不已，曰：「嘻，知余心者惟汝，良隸哉！」自是昵之有加。
>
> 《應諧錄・悅諛》

這兩則嘲諷阿諛奉迎的笑話，被嘲諷者的表現各有特點。前一則笑話訕笑一秀才赤裸裸地諂媚，竟做起頌揚當權者放屁的文章，作踐斯文，竟到了不知羞恥的地步。後一則笑話譏刺的諂媚皂隸，屬於老奸巨猾之徒，其阿諛奉承的本領更為高明。某縣令明明悅諛，他卻故意在旁人面前稱讚縣令不喜人諛，因而得到主子的嘉賞、重用。又如：

> 　　有父病延醫者，醫曰：「病已無救，除非君孝心感格，割股可望愈耳。」子曰：「這卻不難。」遂抽刀以出，逢一人臥於門，因以刀刳之。臥者驚起。子撫手曰：「不須喊，割股救親，天下美事。」
>
> 　　　　　　　　　　　　　　　　　　　　　　《精選雅笑・割股》

> 　　和尚私買蝦食，蝦在熱鍋裡亂跳，乃合掌低聲，向蝦曰：「阿彌陀佛，耐心，少時紅熟，便不疼了。」
>
> 　　　　　　　　　　　　　　　　　　　　　　　　　《笑林・蝦》

　　這兩則笑話均以偽善者為嘲諷對象。前一則笑話譏責俗家人中的一個假孝子，他不將「割股救親」的利刃對準自己，卻指向他人，還厚顏無恥地說是「天下美事」，真是令人作嘔。後一則笑話哂笑出家人中的一個老油子，他破戒殺生以飽口福，卻假惺惺地念誦「阿彌陀佛」，好像在超度即將被他吃掉的蝦子，滑稽可笑之極。

　　這個時期的其他嘲諷笑話，尚有寫一富家子弟詐為秀才，狀訴追債，縣官見疑乃問「桓公殺公子糾」一章如何講？其人連稱不知情，被打二十板，出來後隨從說那是書句，你但應略知也罷，其人道「我連叫不知情尚挨打，若說得知豈不拿我償命」的《解慍編・假儒》、寫有人夜半沽酒，店家讓從門縫中投錢，沽者問酒從何出？酒保道：「也從門縫遞出，這酒兒很薄」的《雪濤諧史》「酒薄」、寫一清客慣奉承大老，說大老所撒之屁不臭，大老說屁不臭不好，其人忙招嗅道「才來」的《時興笑話・清客》、寫蘇州一幫閒對大老官說「我為人替得死」，大老官重病非活人腦子不能救，便找到此人，此人忙說「我是蘇空頭，沒有腦子」的《時與笑話・蘇空頭》、寫一齋公遵從禪師教導閉目靜坐，一夜陡然想起某人所借

一斗大麥未還，遂喚醒齋婆曰「果然禪師教我靜坐有益，幾乎被某人騙了一斗大麥」的《笑禪錄》「靜坐有益」、寫一士死後進辭頌屁討得冥王歡喜，冥王即命牛頭卒引去賜宴，途中其人謂卒曰：「看汝兩角彎彎，好似天邊之月，雙眸炯炯，渾如海外之星。」卒亦喜，忙說：「大王御宴尚早，先在家下吃個酒頭」的《笑林・頌屁》等。

第二節　明代的勸誡笑話

　　明代的勸誡笑話，是這個時期內容繁多、數量最大的一類笑話，在各種笑話故事集以及相關的筆記小說中隨處可見。此類笑話，對世人在品行、性格方面存在的各種缺陷、毛病，諸如虛誇欺誕、自私自利、鄙吝小氣、不學無術、昏妄迷信、迂腐愚笨、好吃懶做、小偷小摸、技能低下、不懂裝懂、膽怯懼內等等，以幽默詼諧的方式進行曝光，使人們在笑聲中有所警覺和反省，對淨化世風有一定的裨益。

一、譏諷虛誇欺誕的笑話

　　此類譏諷虛誇欺誕的勸誡笑話，比如：

　　　　昔一僧勸誘人：「施主齋僧，施捨奉佛，死後可免地獄刀鋸之災。」不久，僧與施主齊亡，僧因罪深，乃受刀鋸之災。施主見僧受罪，因問何故，僧曰：「你不知故，閻王見世間寺廢僧稀，將一個僧鋸開做兩個用。」

　　　　　　　　　　《華筵趣樂談笑酒令》卷四，〈談笑門・勸人行善〉

　　　　甲乙同行，甲望見顯者車蓋，謂乙曰：「此我好友，見我必下車，我當引避。」不意正避入顯者之家，顯者既入門，詫曰：「是何白日撞匿我門內？」呼僕輩毆逐之。乙問曰：「向說好友，何見毆辱？」曰：「他與我慣是這等取笑的。」

　　　　　　　　　　　　　　　　　　　　　　　　　　《笑林・引避》

這兩則均是嘲謔欺昧行徑的笑話。前一則的欺騙行徑，為的是騙取佈施，後一則的欺騙行徑，妄圖抬高自己的身份。進行欺騙的無論出家人還是俗家人，在其卑劣行徑暴露之後，還要以謊言來掩蓋，繼續進行欺騙，既可悲又可笑。又如：

> 有說謊者，每邅就其詞。自謂家有一雌雞，歲生卵千枚。問云：「那得許多？」其人遞減至八百、六百，問者猶不信。乃曰：「這個數再減不得，寧可加一隻雌雞。」
>
> 《雪濤諧史》，「歲生千卵」

> 主人謂僕曰：「汝出外，須說幾句大話，裝估體面。」僕領之。值有言三清殿大者，僕曰：「只與我家租房一般。」有言龍衣船大者，曰：「只與我家帳船一般。」有言牯牛腹大者，曰：「只與我家主人肚皮一般。」
>
> 《笑府‧說大話》

這兩則譏誚漫誕不稽者的笑話，均對其張口胡言，誇誇其談的行徑加以嘲諷，或者令其被人問得張口結舌，難以下臺，或者讓其越說越離譜，陷於不尷不尬的境地，無不傳為笑柄。

二、譏諷自私自利的笑話

此類譏諷自私自利的勸誡笑話，比如：

> 有兄弟合種田者，禾既熟，議分之。兄謂弟曰：「我取上截，你取下截。」弟訝其不平。兄曰：「不難，待明年你取上，我取下可也。」至次年，弟催兄下谷種，兄曰：「今年種了芋艿罷。」
>
> 《笑林‧合種田》

甲乙謀合本做酒。甲謂乙曰：「汝出米，我出水。」乙曰：「米都是我的，如何算帳？」甲曰：「我決不欺心，到酒熟時，只泌還我這些水便了，其餘都是你的。」

《笑府‧合做酒》

這兩則諷刺自私自利的笑話，都在抨擊、嘲訕在合作經營過程中的損人利己行為。他們侵佔別人利益時，似乎都很公平合理，甚至作出遇事好商量姿態，卻設好圈套讓他人上當，頗為狡詐。而蒙受損失的皆是其合作夥伴，有的竟是自己的兄弟。又如：

兄弟二人攢錢買了一雙靴，其兄常穿之，其弟不肯空出錢，待其兄夜間睡了，卻穿上到處行走，遂將靴穿爛。其兄說：「我們再將出錢來買靴。」其弟曰：「買靴誤了睡。」

《笑贊》，「買靴」

里中有病腳瘡者，痛不可忍，謂家人曰：「爾為我鑿壁為穴。」穴成，伸腳穴中，入鄰家尺許。家人曰：「此何意？」答曰：「憑他去鄰家痛，無與我事。」

《雪濤小說‧任事》，「憑他去鄰家痛」

這兩則笑話從不同的視角來譏刺自私自利的思想言行。第一則笑話通過買鞋一件小事，將兄弟倆的自私心態暴露無遺，令人恥笑。第二則笑話嘲弄腳瘡者的愚昧而自私，荒唐可笑之至。

三、譏諷鄙吝小氣的笑話

此類譏諷鄙吝小氣的勸誡笑話，比如：

一人已習慳術，猶謂未足，乃從慳師學其術。往見之，但用紙剪魚，盛水一瓶，故名曰酒，為學慳贄禮。偶值慳師外出，惟妻在

家，知其來學之意並所執贄儀，乃使一婢用空盞傳出，曰：「請茶。」實無茶也。又以兩手作一圈，曰：「請餅。」如是而已。學慳者既出，慳師乃歸，其妻悉述其事以告。慳師作色曰：「何乃費此厚款？」隨用手作半圈樣，曰：「只這半邊餅，穀打發他。」

《雪濤諧史》，「慳師」

一人極鄙吝，每吃，於空盤中寫一「鮓」字，叫聲「鮓」字，食飯一口。其弟語吃，連叫「鮓、鮓、鮓」。其兄大怒曰：「你休得吃嗻了，連累我使錢買藥。」

《解慍編》卷七，〈鮓嗻〉

這兩則笑話，運用誇張手法，將故事主角鄙吝小氣的秉性表現得十分逼真，並且加以挖苦和嘲誚，無不恰到好處，給人留下回味的空間，堪稱勸誡笑話的佳作。又如：

遠客來久坐，主家雞鴨滿庭，乃辭以家中乏物，不敢留飯。客即借刀，欲殺己所乘馬寄餐。主曰：「公如何回去？」客曰：「憑公於雞鴨中借一隻，我騎去便了。」

《笑林・不留客》

一人請客無肴，一舉箸即完矣。客曰：「有燈借一盞來。」主人曰：「要燈何用？」客曰：「我桌上的東西一些也看不見了。」

《時興笑話》卷上，〈請客〉

這兩則均係以請客為題材的笑話，諷刺主家的小氣鬼性格。前一則笑話主要嘲謔其找藉口不留客吃飯，後一則笑話主要哂笑其捨不得給客人上菜，都寫得相當幽默風趣，令人玩味。

四、譏諷不學無術的笑話

此類譏諷不學無術的勸誡笑話，比如：

> 有青衿者，其身臨考，其妻臨乳，不勝交愁，乃慰妻曰：「爾安用愁？我乃應愁耳。」妻問故，答曰：「爾腹裡有，我腹裡無。」
>
> 《雪濤諧史》，「我腹裡無」

> 一士歲考求籤，通陳：「考六等，上上；四等，下下。」廟祝曰：「相公差矣，四等止杖責，如何反是下下？」曰：「此非你所知。六等黜退，極是乾淨，若在四等，看了我文字，決被打殺。」
>
> 《笑林・求籤》

這兩則笑話都以描摹臨考時的心態，來訕笑舊時某些讀書人的不學無術。前一則笑話譏其胸無點墨，後一則笑話譏其文理極差。可憐此等文士竟如此進行自我解嘲，使人不勝慨歎。又如：

> 友人談戲語譏秀才云：一秀才賃僧房讀書，惟事遊玩而已。忽未午歸房，呼童取書。童持《文選》，視之曰：「低。」持《漢書》，視之曰：「低。」又持《史記》，視之曰：「低。」主僧大詫曰：「此三書熟其一足稱飽學。俱云低者，何也？」試窺之，乃取書作枕耳。
>
> 《續金陵瑣事》下卷，〈書低〉

> 友人勸監生讀書，生因閉門翻閱數日，出謝友人曰：「果然書該讀，我往常只說是寫的，原來都是印的。」
>
> 《笑禪錄》，「原來都是印的」

這兩則笑話，通過具體事例來誹訕舊時某些讀書人的厭學貪玩，無所用心。前一則笑話嘲其以書作枕，後一則笑話嘲其只知皮毛。兩則笑話看似平和，實則相當尖銳。

五、譏諷昏妄迷信的笑話

此類譏諷昏妄迷信的勸誡笑話，比如：

> 一和尚犯罪，一人解之，夜宿旅店，和尚酤酒勸其人爛醉，乃削其髮而逃。其人酒醒，繞屋尋和尚不得，摩其頭則無髮矣，乃大叫曰：「和尚倒在，我卻何處去了。」
>
> 《笑贊》，「我卻何處去了」

> 有癡夫者，其妻與人私。一日，撞遇姦夫於室，跳窗逸夫，只奪其鞋一隻，用以枕頭，曰：「平明往質於官。」妻乘其睡熟，即以夫所著鞋易之。明日夫起，細視其鞋，乃己鞋也。因謝妻曰：「我錯怪了你，昨日跳出窗的，原來就是我。」
>
> 《雪濤諧史》，「跳窗者原來就是我」

這兩則笑話運用巧妙構思和大膽誇張，盡情嘲詠經常犯糊塗的僧俗昏妄者，描述其被人耍弄後不但不引起警覺，及時採取補救措施，反而莫名其妙，手足無措，甚至責怪自己，承認過失，令人噴飯。又如：

> 一人將死，命子於棺旁釘大銅環四枚，問云何？曰：「你們日後，少不得要聽風水先生，將我搬來搬去。」
>
> 《精選雅笑·風水》

> 北方男子跳神叫做端公。有一端公教著個徒弟。一日，端公出外，有人來請跳神，這徒弟剛會打鼓唱歌，未傳真訣，就去

跳神；到了中間，不見神來附體，沒奈何信口扯了個神靈，亂說一篇，得了錢米回家，見他師傅說道：「好苦。」把他跳神之事，說與師傅。師傅大驚道：「徒弟你怎麼知道？我原來就是如此！」

《笑贊》，「端公師徒」

這兩則笑話，一則暴露風水先生的做派，一則揭發端公老底，藉以譏諷世人的迷信觀念和迷信行為。兩則笑話既諧謔又辛辣，均頗為風趣。

六、譏諷迂腐愚笨的笑話

此類譏諷迂腐愚笨的勸誡笑話，比如：

一秀才買柴曰：「荷薪者過來。」賣柴者因「過來」二字明白，擔到面前。問曰；「其價幾何？」因「價」字明白，說了價錢。秀才曰：「外實而內虛，煙多而焰少，請損之。」賣柴者不知說甚，荷的去了。

《笑贊》，「秀才買柴」

一儒官，當迎候上司，方乘馬出門，適鄉人過訪，不暇詳曲，草草謂內人曰：「待以菜酒而已。」內人不解文語，不知「而已」為何物，既而詢諸婢僕，認「已」為尾，猜疑為所畜大羊也，乃宰羊盛具酒肴待之去。儒官歸，問知其故，歎息無端浪費，惆悵不已。其後但出門時，輒囑內眷曰：「今後若有客至，止用『菜酒』二字，切不可用『而已』」。

《解慍編》卷五，〈菜酒而已〉

這兩則笑話，分別嘲笑秀才買柴遭到冷遇和儒官待客大為破費，從而揭示出迂腐之人咬文嚼字，不看對象、不分場合，於是陷入尷尬的境地，讓讀者、聽眾忍俊不禁。又如：

　　或人命其子曰：「爾一言一動，皆當效師所為。」領命侍食於師，師食亦食，師飲亦飲，師側身亦側身。師暗視不覺失笑，攪箸而噴嚏，噴嚏不可強為，乃揖而謝曰：「吾師此等妙處，其實難學也。」

《解慍編》卷一，〈妙處難學〉

　　有急足下緊急公文，官恐其遲也，撥一馬與之，其人逐馬而行。人問：「如此急事，何不乘馬？」曰：「六隻腳走，豈不快於四隻！」

《廣笑府》卷二，〈下公文〉

　　這兩則笑話，意在哂笑故事主角的蠢笨。其蠢笨可笑之處，既有富家子弟的機械模仿，又有送公文者的荒唐算計。儘管故事主角並不是呆子，但其愚蠢的言行舉止，與呆子的作為毫無二致，亦足以令人捧腹。

七、譏諷好吃懶做的笑話

　　此類譏諷好吃懶做的勸誡笑話，比如：

　　有二措大言志，一云：「我平生不足惟飯與睡耳，它日得志，當吃飽飯了便睡，睡了又吃飯。」一云：「我則異於是，當吃了又吃，何暇復睡耶！」

《五雜俎》卷十六，〈二措大言志〉

　　一道學先生教人只體貼得孔子一兩句言語，便受用不盡。有一少年向前恭云：「某體貼孔子兩句極親切，自覺心廣體胖。」問是那兩句，曰：「食不厭精，膾不厭細。」

《笑禪錄》，「食不厭精」

　　這兩則笑話，均帶著鄙夷的口吻詼嘲好吃懶做的窮書生，或者訕笑一味追求享受的年輕學子，為飽食終日，貪圖享受者畫像，讓此等人得以警醒。

八、譏諷小偷小摸的笑話

此類譏諷小偷小摸的勸誡笑話，比如：

> 有廚子在家切肉，匿一塊於懷中。妻見之罵曰：「這是自家的肉，何為如此？」答曰：「我忘了。」
>
> 《笑府・偷自家》

> 昔一府學，生員不重廉恥，每遇春秋祭祀已了，各相私盜祭肉紙燭之類；教官不能禁革，遂寫一賦譏云：「祭祀了，天未曉，偷肉紛紛，盜燭渺渺。顏回見之，微微而笑。子路見之，氣沖牛斗。夫子喟然歎曰：『吾嘗厄於陳蔡之間，不曾見此餓莩。』」
>
> 《華筵趣樂談笑酒令》卷四，〈談笑門・不重廉恥〉

這兩則譏諷小偷小摸的笑話，被嘲笑的對象各不相同，前一則笑話為廚師、裁縫一類人物，後一則笑話為府學中的生員。兩則笑話無論是自我解嘲，還是被人奚落，都頗為含蓄，亦頗有情趣。

九、譏諷技能低下的笑話

此類譏諷技能低下的勸誡笑話，比如：

> 一待詔為人取耳，其人痛極。問曰：「那一隻還要取否？」答曰：「自然要取。」其人曰：「我只道那邊的耳屑也在這邊取出來了。」
>
> 《時興笑話》卷下，〈耳痛〉

> 一待詔初學剃頭，每刀傷一處，則以一指掩之；已而傷多，不勝其掩，乃曰：「原來剃頭怎難，須得千手觀音才好。」
>
> 《笑府・須得千手觀音才好》

這兩則嘲訕剃頭匠手藝低劣的笑話，善於掌握分寸，樸實而又詼諧，尖銳卻不過頭，具有謔而不虐的特點，藝術水平較高，值得玩味。

十、譏諷不懂裝懂的笑話

此類譏諷不懂裝懂的勸誡笑話，比如：

> 北人生而不識菱者，仕於南方，席上啖菱，並殼入口。或曰：「啖菱須去殼。」其人自護所短，曰：「我非不知，並殼者，欲以清熱也。」問者曰：「北土亦有此物否？」答曰：「前山後山，何地不有？」
>
> 《雪濤小說‧知無涯》，「北人啖菱」

> 一富翁，世不識字。人勸以延師訓子。師至，始訓之執筆臨朱，書一畫則訓曰「一」字，二畫則訓曰「二」字，三畫則訓曰「三」字。其子便欣然投筆，告父曰：「兒已都曉字義，何煩師為？」乃謝去之。逾時，父擬招所親萬姓者飲，令子晨起治狀，久之不成。父趣之，其子恚曰：「姓亦多矣，奈何偏姓萬，自朝至今，才完得五百餘畫。」
>
> 《笑府‧奈何姓萬》

這兩則嘲謔不懂裝懂者的笑話，給人印象深刻，過目不忘。前一則笑話將不識菱者露怯之後還要強辯、掩飾，因而越發丟醜的情狀活脫地展現出來，讓人引以為鑒。後一則笑話描述富家子弟學字時自作聰明，丟臉出醜，成為笑柄。

十一、譏諷懼怕內室的笑話

此類譏諷懼怕內室的勸誡笑話，比如：

有一吏懼內，一日被妻摑破面皮，明日上堂，太守見而問之。吏權詞以對曰：「晚上乘涼，被葡萄架倒下，故此刮破了。」太守不信，曰：「這一定是你妻子摑碎的，快差皂隸拿來。」不意奶奶在後堂潛聽，大怒，搶出堂外。太守慌謂吏曰：「你且暫退，我內衙葡萄架也要倒了。」

《廣笑府》卷二，〈葡萄架倒〉

　　一怕老婆者，老婆既死，見老婆像懸於柩前，因理舊恨，以拳擬之。忽風吹軸動，大驚，忙縮手曰：「我是取笑。」

《笑府・我是取笑》

　　這兩則嘲弄懼內丈夫的笑話，無論長短，都帶有喜劇色彩。前一則笑話描述太守、胥吏二人俱膽小懼內，但太守在公堂上卻裝出一副要為下屬撐腰的樣子，竟惹怒後堂的悍妻，因而原形畢露，狼狽不堪。後一則笑話敘寫一懼內者心有餘悸，在亡妻遺像前仍不免露出膽怯嘴臉。兩則笑話均頗為潑辣、生動，讓人難忘。

　　這個時期的勸誡笑話，尚有寫一窮書生謊稱餵饅頭，見饅頭店輒大呼撲地，店主將其置於放有百許板饅頭室中，不多時竟食之過半的《山中一夕話・畏饅頭》、寫一人被其妻毆打而鑽在床下，其妻叫其出來，其人道「大丈夫說不出去，定不出去」的《笑贊》「定不出去」、寫暑月一戴氈帽行路者到大樹下歇涼時以帽當扇曰：「若無此帽就熱死我」的《笑贊》「氈帽」、寫東家某讓塾師為文致奠親家公，師錄祭親家母文與之，吊客笑其錯做文字，師罵曰：「我文殊不錯，他家錯死了人」的《雪濤諧史》「他家錯死了人」、寫有為大言者稱其洗盆東邊洗浴，西邊不波，聞者稱昨早見肩竹者從門首過，至傍晚竹稍尚在門外，大言者不信，其人道「無許長竹何由箍得這大洗盆」的《雪濤諧史》「大洗盆與長竹」、寫一悍妻將枷其夫手指，命夫從鄰家借用，妻問嘀咕何語，夫說「我道這刑具也須自家置一副」的《雪濤諧史》「借刑具」、寫一琴師鼓琴時聽眾皆散去，惟留下一人，琴師以為知者，其人忙道「這擱琴桌子是我家之物」的《雪濤諧史》「如此『知音』」、寫一裁縫裁衣久不下剪，徒問其故，答曰：

「有他的沒我的，有我的沒他的」的《時興笑話‧不肯下剪》、寫甲乙兩友平素極厚，甲偶病，乙表示願盡力相助，當甲向其借二三錢銀時，乙竟佯為未聞的《笑禪錄》「兩友」、寫一人進京時囑僕凡說家中事務要說大些，一路上僕乃稱其家犬比牛大些，馬房比高樓更大些，主母鞋比船更大些的《時尚笑談‧說大話》、寫一人買禁蚊符貼壁上而蚊蟲不減，乃往問，賣符者稱符須貼帳子裡的《精選雅笑‧蚊符》、寫一山中人至水鄉，於樹下拾一菱角食之甘甚，板樹搖枝久無所，詫曰「如此大樹，難道只生得一個」的《精選雅笑‧樹菱》、寫一懼內知縣聞兵房吏夫妻廝打，怒曰「若是我……」，其妻在後堂問「若是便如何？」知縣驚答：「是我便下跪，看他如何下得手」的《華筵趣樂談笑酒令‧譏怕老婆》、寫一酒客訝同席者飲啖太猛，問其年而知屬犬，而忙道「若屬虎，連我也都吃了」的《笑林‧屬犬》、寫有以淡水酒飲客者，客極譽其烹庖之妙，主問何以知之？答曰：「勿論其他，只這一味酒煮白滾湯已好吃矣」的《笑林‧淡酒》、寫一皮匠只用皮底一雙，凡替人掌鞋者必落，尾隨拾取以為本錢，一日尾之不獲，泣其丟失本錢，及歸見底已落戶內的《笑府‧皮匠掌鞋》、寫酒店將嫌其酒酸者吊於梁，一客過問其故，嘗畢攢眉謂店主曰：「可放此人，吊了我罷」的《笑府‧酸酒》、寫一木匠誤將門閂裝在門外，主罵其為瞎賊，匠曰：「你有眼，叫我這一個匠人」的《笑府‧瞎賊》等。

第三節　明代的諧趣笑話

　　明代的諧趣笑話，跟以往的諧趣笑話一樣具有輕鬆詼諧的特點，極富幽默感，是趣味性很濃的一類笑話。此類笑話，幾乎在這個時期的所有笑話故事集中都能看到，而在《雪濤諧史》、《解慍編》、《笑林》、《笑府》、《時興笑話》、《精選雅笑》等書中更為常見。此類笑話以逗趣為主旨，不一定包含多少思想意義，但其中的一些精彩的作品，也頗有意蘊，能夠給世人以某種啟示和教益。

　　明代的諧趣笑話，因構成笑料的情況不同可以為分諧音類、巧合類、誤會類、誤解類、換位類、脾氣類等多種門類，異彩紛呈，各有趣味。

一、諧音類諧趣笑話

此類諧趣笑話，以字詞讀音相同或相近構成笑料。比如：

> 陝右人呼「竹」為「箸」。一巡撫系陝人，坐堂時諭巡捕官
> 曰：「與我取一箸竿來。」巡官誤聽，以為「豬肝」也，因而買
> 之。且自忖曰：「既用肝，豈得不用心？」於是以盤盛肝，以紙裹
> 心置袖中，進見曰：「蒙諭豬肝，已有了。」巡撫笑曰：「你那心
> 在那裡？」其人探諸袖中，曰：「心也在這裡。」
>
> 《雪濤諧史》，「心在那裡」

> 一官人有書義未解，問吏曰：「此間有高才否？」吏誤以為
> 裁衣人姓高也，應曰：「有。」即喚進，官問曰：「貧而無諂，
> 如何？」答曰：「裙而無襉，使不得。」又問：「富而無驕，如
> 何？」答曰：「褲而無腰，也使不得。」官怒喝曰：「嘻！」答
> 曰：「若是皺，小人有熨斗在此。」
>
> 《笑林・才人》

前一則笑話因方言而引出的笑話，饒有興味，最後的問答起到抖包袱
的效果，更為逗趣。後一則笑話題材十分平淡，卻相當出彩，連續三次諧
音的問答，一次比一次逗樂。

二、巧合類諧趣笑話

此類諧趣笑話，由各種各樣的巧合構成笑料。比如：

> 一人習學言語，聽人說「豈有此理」，心甚愛之，時時溫習。
> 偶因過河忙亂，忽然忘記，繞船尋覓。船家問他失落何物，曰：

「是句話。」船家說道：「話也失落的，豈有此理！」其人說：「你拾著，何不早說。」

《笑贊》，「豈有此理」

有避債者，偶以事出門，恐人見之，乃頂一笆斗而行。為一債家所識，彈其斗曰：「所約如何？」姑應曰：「明日。」已而雨大作，斗上點擊無算，其人慌甚，乃曰：「一概明日。」

《笑林‧戴笆斗》

前一則笑話描寫某人尋找一句成語，恰好從他人口中聽到，遂成為笑料，頗為逗樂。後一則笑話描寫躲債人遇雨而以為債主們在彈其頭上頂的笆斗，突現出躲債人的恐慌心理，生動逗趣，引人發噱。

三、誤會類諧趣笑話

此類諧趣笑話，因錯誤領會對方意思而構成笑料。比如：

有中鄰於銅、鐵匠者，日聞鍛擊聲，不堪忍聞，因浼人求其遷去，二匠從之。其人喜甚，設酒肴奉餞。餞畢，試問何往，二匠同聲對曰：「左邊遷在右邊，右邊遷在左邊。」

《精選雅笑‧遷居》

鄉人入城見鬻駱駝蹄者，倚擔睨視。鬻者欺其鄉人，謂曰：「你認得這物，當輸數枚。」其人笑曰：「難道這物也不曉得？是三個字。」鬻者心念曰：「是矣，你且說第一個字。」其人曰：「落。」鬻者遽已服輸。既啖畢，鬻者曰：「我只是放心不下，你且說完看。」鄉人曰：「落花生。」

《笑林‧駱駝蹄》

前一則笑話描寫某人誤會兩位鄰舍遷居的承諾，左右對換，與事無補，空歡喜一場，令人感到滑稽可笑。後一則笑話描寫賣家本想欺辱鄉下人，卻因誤會而失算，使鄉下人在無意之中將其戲耍，使其弄巧成拙，讓人竊笑。

四、誤解類諧趣笑話

此類諧趣笑話，因理解有誤而構成笑料。比如：

> 人有初開藥肆者，一日他出，令其子守鋪。遇客買牛膝並雞爪黃連，子愚不識藥，遍索笥中無所有，乃割己耕牛一足，斫二雞腳售之。父歸，問曾賣何藥，詢知前事，大笑發歎曰：「客若要買知母貝母時，豈不連汝母親抬去了？」
>
> 《解慍編》卷三，〈知母貝母〉

> 鄉人進城探親，待以松蘿泉水茶，鄉人連贊曰：「好好！」親以為能格物，因問曰：「還是茶葉好？是水好？」鄉人答曰：「熱得好！」
>
> 《時興笑話》卷上，〈品茶〉

前一則笑話講述藥肆某子因不識帶「牛」、「雞」字樣的中藥而緣文生義，竟割牛足，砍雞爪與顧客，遭到其父嘲訕，可笑之極。後一則笑話講述主人誤解鄉下親戚的稱讚，以為其人頗會品茶，竟是牛頭不對馬嘴，無比尷尬。

五、換位類諧趣笑話

此類諧趣笑話，因事物、言語等換位而構成笑料。比如：

> 有蒙師識字甚少，其徒請問「屎」字如何寫。師記憶良久不得，乃漫曰：「才在口邊，卻又忘記了。」
>
> 《雪濤諧史》，「才在口邊」

　　錢良臣自諱其名，幼子頗慧，凡經史中有「良臣」字，輒改之。一日，讀《孟子》「今之所謂良臣」，遂改云：「今之所謂爹爹，古之所謂民賊也。」一時哄傳為笑。

《五雜俎·事部》，「改父名」

　　前一則笑話描寫蒙師的回答，在字與實物換位時便產生強烈的逗樂效果。後一則笑話描寫由於錢子避諱，將書籍中的父名改為「爹爹」，在特定的文句中產生極為逗樂的效果。凡此種種，無不讓人忍俊不禁。

六、脾氣類諧趣笑話

　　此類諧趣笑話，由世人的特異性格而構成笑料。比如：

　　性急人過麵店即亂嚷曰：「為何不拿麵來？」店主持麵至，傾之桌上曰：「你快吃，我要淨碗。」其人怒甚，歸謂妻曰：「我氣死了。」妻忙打包袱曰：「你死，我去嫁人。」及嫁過一宿，後夫欲出之，歸問故，曰：「怪你不養兒子。」

《精選雅笑·性急》

　　一人性緩，冬日共人圍爐，見人裳尾為火所燒，乃曰：「有一事見之已久，欲言恐君性急，不然又恐傷君，然則言是耶？不言是耶？」人問何事？曰：「火燒君裳。」其人遽收衣而怒曰：「何不早言？」曰：「我道君性急，果然。」

《廣笑府》卷八，〈性緩〉

　　前一則笑話以急性子構成笑料，登場四人——吃麵者、麵店主、吃麵者妻、後夫，一個比一個性急，令人失笑。後一則脫胎於宋代笑話，以慢性子構成笑料，讀來亦頗有趣。

七、其他諧趣笑話

其他諧趣笑話，亦有不少藝術性比較高的精彩作品，往往值得玩味。比如：

> 有走東借牛於富翁者，富翁方對客，諱不識字，偽啟緘視之，對曰：「知道了，少停我自來也。」
>
> 《笑林·借牛》

> 一家父子、僮僕專說大話，每每以朝廷名色自呼。一日，友人來望，其父外出，遇其長子，曰：「父王駕出了。」問及令堂，次子又曰：「娘娘在後花園飲宴。」友見說話僭分[21]，含怒而去，途遇其父，乃以其子之言告之。父曰：「是誰說的？」僕在後曰：「這是太子與庶子說的。」其友愈惱，扭僕便打，其人忙勸曰：「卿家不惱，看在寡人面上。」
>
> 《廣笑府》卷十，〈僭稱〉

這兩則諧趣笑話都帶有一些喜劇色彩。前一則笑話寫某富翁本係文盲，卻又怕客人笑話，於是裝模作樣看來借牛的帖子，竟然把自己當成人家要借的牛，令人捧腹。後一則笑話寫某家上下人等，處處以朝廷名分相稱，以帝王之家自居，荒唐可笑，也頗為逗趣。

這個時期的諧趣笑話尚有寫眾仙女為嫁與孝子董永之仙女餞行，囑道：「此去訪有行孝者，寄個信來」的《笑贊》「仙女」、寫一人正月初一出門拜節，在桌上寫一「吉」字求利市，不料連走數家竟未喝到茶水，回家倒看「吉」字曰「寫了『口干』，自然沒得吃」的《時興笑話·利市》、寫有人留客吃茶，往鄰家借茶久不至，湯滾不斷加水，鍋竟滿，妻道「茶吃不成，留他洗了浴去罷」的《時興笑話·留茶》、寫路滑父子倆

---

[21] 僭（jiàn健）分：超越本分。舊謂地位在下者冒用地位在上者的名義、禮儀、器物。

將一壇酒打碎，其子伏地大飲，問其父「難道你還要等菜」的《時興笑話・好酒》、寫有宗室名宗漢，為避諱乃稱「漢」為「兵士」，其妻供羅漢，其子授《漢書》，宮中人曰「今日夫人召僧供十八羅兵士，太保清官教兵士書」的《五雜俎》「宗漢之諱」、寫邢進士身矮，遇盜舉刀欲滅之，急曰「人呼我邢矮，若去頭不更矮？」盜不覺大笑擲刀的《露書》「邢矮」、寫兄弟兩童看掛在灶上醃魚下飯，小者忽嚷哥哥多看了一看，父曰「鹹殺他罷」的《精選雅笑・醃魚》、寫一人以草薦當被，其子常直告人，父乃教其只說蓋被而已，一早父出陪客，一草黏鬚上，其子忙呼「父親何不拂去鬚上一條被」的《華筵趣樂談笑酒令・草薦當被》、寫有婚家女富男貧，男家恐賴婚，乃擇日率男搶女，誤背小姨，女家追呼「搶差了！」小姨在背上「不差不差，快走」的《笑林・搶婚》、寫一人陪客，偶撒一屁，乃連以指磨椅作聲掩蓋，客曰「還是第一聲像」的《笑府・椅響》、寫一人裝病臥床以使親家前來看剛買新床，那邊親家亦欲賣弄新褲，乃架足故意顯露，方問對方染何病，對曰「小弟賤恙與親翁尊病一般」的《笑府・賣弄》、寫轎中途墜底，轎夫不知所措，新娘忙說「我倒有一計，汝外面自抬，我裡面自走」的《廣笑府・墜轎底》、寫有人好譽，術士投其所好稱許其人有雙大眼睛，一生受用不盡，術士被留款數日後勸告其人「足下也須尋些活計，不可全靠這雙眼睛」的《廣笑府・須尋生計》、寫有自負棋名者連輸三局，他人問其勝負，答曰：「第一局我不曾贏，第二局他不曾輸，第三局我要和他不肯，罷了」的《廣笑府・諱輸棋》等。

第七章　明代的民間寓言

　　中國民間寓言在明代得到了進一步的發展，數量多於宋元時期，其中寫實性人事寓言和動物寓言數量更多，並且藝術水平有所提高，出現了以《東田集·中山狼傳》、《應諧錄·貓號》、《益世格言注釋》、「貓喇嘛講經」為代表的一些名篇佳製，歷久不衰。

　　這個時期的民間寓言，大多見於《權子》、《賢弈編》、《解慍編》、《談叢》、《笑贊》、《笑林》、《笑府》等笑話故事集，具有題材更為世俗化，大多短小風趣，帶有一定笑話色彩和諷刺意味的特點。不僅如此，這個時期的作家寓言創作比較活躍，藝術成就卓著，無不與作家寓言創作善於吸收民間寓言的各種養分密切相關。

　　明代的民間寓言跟以往各個時期的民間寓言一樣，包括人事寓言、擬人寓言兩個部分，前者由幻想性人事寓言和寫實性人事寓言組成，後者由動物寓言與其他擬人寓言組成，茲分別論分析於下。

第一節　明代的擬人寓言

一、明代的動物寓言

　　明代的擬人寓言，以動物寓言為主體。動物寓言的故事主角大都與人類關係密切，計有貓、鼠、虎、猴、猩猩、孔雀、蝙蝠、青蛙、鸚鵡、鯉魚、鱸魚、翠鳥、黃雀、老雕、水獺、蚊子等。在這類動物寓言中，不乏富有生活情趣，含意深邃的佳作。比如：

　　　　鳳凰慶壽，百鳥皆賀，而蝙蝠不往，曰：「我有足能走，屬獸
　　　　者也。」及麒麟慶壽，百獸皆賀，而蝙蝠又不往，曰：「我有翼能

飛，屬禽者也。」後麟鳳相會，各語及蝙蝠事，乃歎曰：「世間自有這般推奸避事的禽獸，真是無可奈何。」

《解慍編》卷九，〈蝙蝠推奸〉

獸有猱[22]，小而善緣，利爪。虎首癢，則使猱爬搔之。不休，成穴，虎殊快不覺也。猱徐取其腦啖之，而汰其餘以奉虎，曰：「余偶有所獲腥，不敢私，以獻左右。」虎曰：「忠哉，猱也！愛我而忘其口腹。」啖已又弗覺也。

久而虎腦空，痛發，跡猱，猱則已走避高木。虎跳踉，大吼乃死。

《賢奕篇·譬喻錄·猱》

這兩則寓言都以動物為角色。前一則寓言意在說明，世間的刁詐詭辯之徒任何時候，任何地方都可以偷奸取巧，以維護一己私利。倘若從另外一個角度來審視，亦可理解為世人對不依附權貴、保持獨立人格者的讚美。後一則寓言告誡世人，小人常常用花言巧語討主子歡心，背地裡卻為非作歹，居心叵測。倘若不提高警惕性，就可能被小人暗算，後果不堪設想。又如：

一鼠居油房，一鼠居酒房，彼此互食所有。酒鼠既食油，乃邀油鼠入酒房，以口銜鼠尾，而垂飲於中；油鼠飲酒樂，因謝曰：「好酒好酒。」酒鼠開口應曰：「不敢不敢。」油鼠無系著，遂墮入甕中，翻滾不得起。酒鼠長歎曰：「你少飲些也罷，如何就在這裡撒酒風！」

《解慍編》卷五，〈酒風〉

翠鳥先高作巢以避患。及生子，愛之，恐墜，稍下作巢。子長羽毛，復益愛之，又更下巢，而人遂得而取之矣。

《古今譚概》專愚部第四，〈物性之愚·翠鳥作巢〉

---

[22] 猱（náo撓）：猿類，身體便捷，善於攀援。

這兩則寓言都有情節簡潔，寓意含蓄的特點。前一則寓言意在譏諷某些膽小自私的人遇事推諉，從不承擔責任，認真進行反省。同時提醒世人，對於不可靠的夥伴應有所戒備，不能得意忘形，以免吃虧受害。後一則寓言告誡世人，做事要深思熟慮，盡力避免盲目性；並且指出，對待子女不可溺愛，否則事與願違，後悔莫及。再如：

> 　　人有魚池，苦群鷧[23]竊啄食之，乃束草為人，披蓑戴笠持竿，植之池中以懾之。群鷧初回翔不敢即下，已漸審視，下啄，久之，時飛止笠上，恬不為驚。人有見者，竊去芻人，自披蓑戴笠而立池中。鷧仍下啄飛止如故，人隨手執其足，鷧不能脫，奮翼聲假假，人曰：「先故假，今亦假耶？」
>
> 《權子‧假人》

> 　　猩猩，獸之好酒者也。大麓之人設以醴尊，陳之飲器，大小具列焉；織草為履，勾連相屬也，而置之道旁。猩猩見，則知其誘之也，又知設者之姓名，與其父母祖先，一一數而罵之。
>
> 　　已而謂其朋曰：「盍少嘗之？慎無多飲矣！」相與取小器飲，罵而去之；已而取差大者飲，又罵而去之。如是者數四，不勝其唇吻之甘也，遂大爵而忘其醉。
>
> 　　醉則群睨嘻笑，取草履著之。麓人追之，相蹈藉而就縶，無一得免焉。其後來者亦然。
>
> 　　夫猩猩智矣，惡其為誘也，而卒不免於死，貪為之也。
>
> 《賢奕篇‧譬喻錄‧猩猩》

　　這兩則寓言均有人類與飛禽走獸同時出現，而以後者作為故事主角。前一則寓言說明為人處世，須當注意觀察，不斷瞭解情況，適應變化，切忌經驗主義。後一則寓言告誡世人，面對險情須當謹慎行事，不可稍有鬆懈；倘若稍有鬆懈，不能抵制各種誘惑，就可能不知不覺地掉進陷阱，難以自拔。

---

[23] 鷧（yi 懿）：鸕鷀，俗稱魚鷹。

值得特別提及的是，十五世紀有兩本藏族故事集，即央金噶衛洛卓編著《甘丹格言注釋》（共有七十一則故事）和洛卓白巴編著《益世格言注釋》（共有二十九則故事），其中都收有一些民間寓言。《益世格言注釋》「貓喇嘛講經」是一篇著名的民間寓言，大意講一隻年老力的貓身披袈裟，手持拂珠，在法座上正襟危坐，講經說法。老鼠們誤以為它已改惡從善，紛紛前去聽講。老貓每次講完經，就偷偷地將走在後面的一隻老鼠捉去飽餐一頓。後來老貓終於原形畢露，被當場揭穿。這則寓言告誡善良的人們，須當擦亮眼睛，辨別真偽，切莫被假相蒙蔽，喪失應有的警惕性。這一則寓言由佛經故事演化而來。十八世紀蒙古族哈爾格西·羅桑楚臣撰《學習寶貝珠》中的「帶佛珠的貓」，內容與此則大致相同。此則寓言含意深刻，影響久遠，至今仍在藏、蒙古、維吾爾、門巴、珞巴等兄弟民族中流傳。

這個時期的動物寓言，尚有寫雄孔雀毛尾金翠，天雨惜尾而不肯振翅高飛，竟被獵人捉住；說明行事應區分輕重緩急，不可因小失大，帶來災禍的《權子·顧惜》、寫雌獺入池取魚，雄獺踞岸被捉後，竟稱是老妻之過，與他無干；嘲諷坐享其成者遇事推諉，連親人也要出賣的《解慍編·水酒》、寫池蛙與龍王相遇時，各誇自己居處及喜怒；譏誚小巫見大巫，卻不覺自慚形穢的《解慍編·池蛙喜怒》、寫老鶻將所捕一貓置於巢中準備飼雛，貓竟將鶻雛一一吃掉；告誡世人不可憑主觀想像行事，否則可能造成嚴重後果的《雪濤諧史》「以貓飼雛」、寫水跟著田雞、天羅（絲瓜）稱自己也是「一物三名」，受到搶白；說明不問情由，盲目跟風，勢必遭到恥笑的《笑海千金·譏賣淡酒》、寫貓啣走念珠，眾鼠誤以為它已慈悲，待其捕食一鼠，才醒悟過來；提醒人們，兇徒難以改惡從善，切莫被假相迷惑的《華筵趣樂談笑酒令·假作慈悲》、寫兩魚鬥嘴，鯉魚誇自己會跳龍門一躍上天，鯰魚誇自己有張闊口，常吃別人；說明品位不同，不可能有共同語言，某些人胡亂炫耀，實屬可悲的《華筵趣樂談笑酒令·常吃別人》、寫貓以鬍鬚拂躲避在瓶中之鼠，令鼠噴嚏，貓假意為鼠祝福，鼠不受其欺騙；說明只要不喪失警惕性，一切別有用心者都將無計可施的《雅謔·貓祝鼠壽》等。

二、明代的其他擬人寓言

明代的其他擬人寓言，數量明顯少於同期的動物寓言。其篇幅大都短小，故事中的角色以擬人化的人體器官居多，偶有旁的擬人化角色。比如：

> 腳謂口曰：「世上惟你最討便宜。我千辛萬苦奔走來時，都被你吃去了。」口答曰：「不要爭，我莫吃，你也莫奔走何如？」
>
> 《笑府‧口腳爭》

> 釘地桃符仰視艾人而罵曰：「爾何等草芥，輒居我上？」艾人俯而應曰：「汝以半截入土，猶爭高下乎？」桃符怒，往復爭辯不已。門神為之解曰：「吾輩不肖，方旁人門戶，何暇爭閒氣耶？」
>
> 《解慍編》卷八，〈戒爭閒氣〉

> 一人鞋襪俱破，鞋歸咎於襪，襪亦歸咎於鞋，相與訟之於官。官不能決，乃拘腳跟證之。腳跟曰：「小的一向逐出在外，何由得知？」
>
> 《笑林‧鞋襪訟》

這三則寓言，情節簡單，都以倡導正確處理人際關係為題旨。第一則寓言提倡相互尊重，既要正確對待自己，也要正確對待他人。第二則寓言告誡世人須當冷靜分析客觀形勢，端正處世態度，切莫爭高下，生閒氣。第三則寓言嘲諷遇事不承擔責任者相互推諉，沒有氣度，說明這種人絕不會處理好人際關係。

這個時期的其他擬人寓言，尚有寫眼睛與眉毛爭高下，被眉毛挖苦；嘲諷爭名譽、地位者缺乏自知之明的《解慍編‧眉爭高下》、寫茶與酒各自誇功，互爭高下，待水出面調解，遂不再爭閒氣；說明喜歡誇己之長，笑他人之短，便不能搞好人際關係，只有寬宏大度方可與人和睦相處的《解慍編‧茶酒爭高》等。

第二節　明代的人事寓言

　　明代的人事寓言，無論寫實性人事寓言還是幻想性人事寓言，藝術水平一般都比較高，影響也比較大，是明代民間寓言中頗為突出的一大門類，相當引人注目。

一、明代的寫實性人事寓言

　　這個時期的寫實性人事寓言，作品數量眾多，取材於社會生活的諸多方面，經過藝術加工與剪裁，呈現出不同的面目。其中，有的作品多有藝術概括和加工提煉，與生活原貌殊異，如《賢奕篇・應諧錄・貓號》、《雪濤諧史》「忘記下米」、《五雜俎》「二技致富」；有的作品以生活原貌出現，彷彿未曾加工，實則經過剪裁與提煉，如《見聞紀訓》「三人臨渡」、《權子・拾金》、《談叢・冤獄》。這個時期的寫實性人事寓言，佳作甚多。比如：

　　　　齊奄家畜一貓，自奇之，號於人曰：「虎貓。」客說之曰：「虎誠猛，不如龍之神也，請更名曰龍貓。」又客說之曰：「龍固神於虎也，龍升天，須浮雲，雲其尚於龍乎？不如名曰雲。」又客說之曰：「雲靄蔽天，風倏散之，雲故不敵風也，請更名曰風」又客說之曰：「大風飆起，維屏以牆，斯足蔽矣，風其如牆何！名之曰牆貓可。」又客說之曰：「維牆雖固，維鼠穴之，牆斯圮矣，牆又如鼠何！即名曰鼠貓可也。」東里丈人嗤之曰：「噫嘻！捕鼠者故貓也，貓即貓耳，胡為自失本真哉？」

　　　　　　　　　　　　　　　　　　　　　《賢奕篇・應諧錄・貓號》

　　　　南岐在秦蜀山谷中，其水甘而不良，凡飲之者輒病癭，故其地之民無一人無癭者。及見外方人至，則群小、婦人聚觀而笑之曰：

「異哉，人之頸也，焦[24]而不吾類！」外方人曰：「爾之累然凸出於頸者，瘦病之也！不求善藥去爾病，反以吾頸為焦耶？」笑者曰：「吾鄉之人皆然，焉用去乎哉！」終莫知其為醜。

《賢奕篇・譬喻錄・瘦》

這兩篇寓言均出自《賢奕篇》。前一則寓言通過為貓取名的一連串擬議中的舉措，說明求實務真，力戒虛名的重要性；如若好高騖遠，浮華虛誇，必然自失本真，甚至會墮入荒唐可笑的境地。後一則寓言借助山區大脖子病的現象告誡世人，若不經常反躬自省，養成惡習，就可能見怪大不驚，甚至以醜為美，這無疑是十分荒唐而又可怕的。又如：

遂昌士人劉合峰言：其近處村中有三人同行，前臨一渡，值溪水驟漲而舟在彼岸。中一人素愚蠢，二人乃誘使脫衣泅過取舟。其人出沒湍流中，幾至滅頂，僅而獲濟，乃復竭力撐舟來渡二人。二人登舟剛欲撐開，愚者忽肚疼欲溲，不可禁，亟跳而登岸。二人遂揮手曰：「日已暮，吾不能候汝矣！」遂撐去。俄而水急，舟橫抵岸，一觸俱覆溺焉。而愚者固在岸自若也。

《見聞紀訓》，「三人臨濟」

成化中，南郊事[25]竣。撤器，亡一金瓶。時有庖人侍其處，遂執之，官司加拷掠，不勝痛楚，輒誣服。及與索瓶，無以應，迫之，漫云在壇前某地。如其言掘地不獲，仍繫獄。無何，竊瓶者持瓶上金繩鬻於市，有疑之者質於官，竟得其竊瓶狀。問瓶安在，亦云在壇前某地，如其言掘地竟獲。蓋比庖人所掘之地，不數寸耳。假令庖人往掘時而瓶獲，或竊瓶者不鬻金繩於市，則庖人之死，百口不能解。

《談叢・冤獄》

---

[24] 焦：此處意為枯瘦。
[25] 南效事：指皇帝每年正月至京師南郊大祀天地。

這兩則寓言都揭示世間的某些紛爭，通過二位同行者損人利己遭報，告誡世人應當與人為善，切莫聰明反被聰明誤，自掘墳墓。後一則寓言借疑犯險被誤殺，鑄成大錯的事件，說明審案、辦事必須深入瞭解情況，切忌馬虎、輕率，稍一不慎就可能造成不可彌補的損失。再如：

> 有牧豎子敝衣蓬跣，日驅牛羊，牧於坰間，時倚樹而吟，時扼嗌而歌，熙熙然意自適也，而牧職亦舉。一日拾遺金一銖，納衣領中，自是歌聲漸歇，牛羊亦散逸不擾[26]矣。
>
> 《權子·拾金》

> 木工曰：「我能巧用斧鑿造室制器，真良工也。」石工曰：「斷木非難，雕石為難，我良工也。」鐵工曰：「治木治石，必藉爐冶鉗錘之力，爾曹無我都做不成，且莫虛爭閒氣也。」
>
> 《解慍編》卷八，〈技藝爭高下〉

這兩則寓言均以極為簡單的故事情節表達較深的寓意。前一則寓言通過牧童拾金給生活帶來煩惱，不但提醒人們，行事須當慎重，否則徒增苦痛；而且說明，心情舒暢遠比金錢寶貴，應當格外珍惜。後一則寓言以否定的態度來揭示生活中的某些道理，通過木、石、鐵三個工匠自我誇耀互不相讓的現象，說明人世間的事物大都互相依存，切莫爭強好勝，目中無人。

這個時期的寫實性人事寓言，尚有寫一高介絕俗之士月夜於旅邸聞清亮簫聲，乘興寫竹石一幅為贈，天明始知吹簫人為富商，至為掃興；說明遇事不可憑一時印象決斷，以免造成被動的《水東日記》「聞簫作畫」、寫鄰人某所畜二犬遇盜賊橫行而噤不作聲，遇佳客登門則放肆亂咬，因而被賣給屠夫宰殺；說明辦事者倘若不恪盡職守，恣意妄為，必然被世人唾棄的《艾子後語·噬犬》、寫雨中二行人彼此懷疑對方為鬼，竟驚嚇生病；說明遇事須當冷靜分析，不可疑神疑鬼，以免庸人自擾的《賢博編》

---

[26] 擾：馴服。

「相疑為鬼」、寫久雨屋漏，迂公請人葺治，工畢後天晴，乃歎息白費工夫，說明目光短淺者遇事總是患得患失，徒增苦惱的《迂公別記》「修屋漏」、寫迂公夜歸拾得偷兒倉皇逃離時所棄羊裘，此後夜夜遲歸，竟為不見偷兒惋惜；說明在生活中分不清偶然性與必然性者，往往會自尋煩惱，處境尷尬的《迂公別記》「羊裘在念」、寫兄弟二人為大雁烹調法爭論不休，待援弓射雁時，雁已凌空遠去；說明好空談者毫無務實精神，只能徒托空言，錯失良機的《賢弈編・應諧錄・爭雁》、寫父親離家三十載後歸來，其子因其畫像而拒不相認；說明某些思想僵化者不知世事變遷，只認老理、死理的《賢弈編・警喻錄・繪像與真父》、寫某人因忘了下米而未能釀出酒來，竟懷疑酒家不傳真法；說明忘本遂末者，不反省自己，只知埋怨他人的《雪濤諧史》「忘記下米」、寫釘鉸者為巡幸郊外之皇上補冠得厚賞，又為老虎拔刺得到銜鹿回報，於是認為以補皇冠、拔虎刺為業，能夠致富；說明思想方法不可偏頗，切莫把偶然現象當做經常機會，以免吃苦頭的《五雜爼》「二技致富」、寫某人掘得一尊金羅漢，乃以手擊其頭問那十七尊在何處？說明塵世間貪心者貪得無厭，慾壑難填的《笑府・金羅漢》等。

二、明代的幻想性人事寓言

這個時期的幻想性人事寓言，散見於各種筆記小說和笑話故事集，作品數量雖不如同期的寫實性人事寓言多，卻往往有較高的藝術性水平，受到廣泛關注。譬如：

> 北濠之東有一巫，人呼為「某捉鬼」。嘗為人送鬼，自持咒前行令。一童擔羹飯香燭紙錢從之，既行，童覺擔漸重，愈前愈重，至不能任。巫乃令置之地，取紙燒之以驗。見紙上黑氣一道，卓然如立。巫曰：「此冤鬼難治。」與童皆怖甚。舍擔疾趨而前，鬼奔逐之。至前轉角三家村，巫大叫，一家出救，扶歸其家，既而與童皆死。

> 《語怪・捉鬼巫》

陝西九嵕山，唐太宗昭陵在焉。嘗有禮泉縣村民取薪於山，見白兔突起草中，異而逐之。兔躍入巨穴，民不覺失足亦墜焉。乃入隧道中，頗覺黯黑，其旁累銅缸十數，皆盛油，設關捩流注。最下一缸中宿火，其竅有礙，油不下，火熒熒欲滅。民為通之，火復明。向所逐兔，宛然在旁，乃銀鑄者，上有刻字云：「撥燈火，賜銀兔一個。」民視四周，積金銀珠貝，瑰麗萬狀，再拜請曰：「小人貧，所賜不足以贍，願更益之。」於是恣意所取，懷挾將出而路迷，蹉步莫辨，便舍之，乃復有門豁然。遂攜兔而出，隧門隨閉，僅有微罅。民歸，鄰居惡少年聞之者，競到陵所，跡其罅掘之，杳不可窮。事覺，皆被逮繫，民亦幾坐譴云。

《庚巳編》卷九，〈昭陵銀兔〉

這兩則寓言故事性都比較強，尤其是後者。前一則寓言寫自詡捉鬼者，實則畏鬼，其人被鬼追逐，以致喪命。既說明沒有能耐者終將暴露，後果可能嚴重；又提醒人們，力不從心，不可勉為其難。後一則寓言通過一村民在昭陵的奇遇，告誡世人，處事為人應當保持知足常樂的心態，切不可貪心不足，存非分之想。又如：

有一個尋找失牛而誤入密林迷路的人，為了充饑解渴，爬到一棵長在懸崖半坡上的大樹尖去摘胡桃吃。結果，樹枝折斷，掉進一個深谷中，爬不出來。正在絕望悲歎時，林中一神猴為了尋找食物，也來到懸崖邊，就跳下深谷，費了很大力氣才把此人背了上來。此人被救後，卻趁神猴睡著時，想用石頭砸死神猴來充饑。但沒砸中，驚醒了神猴。神猴為他的罪孽痛心，仍把他送出森林，指給他回城之路，並勸他要多做善事。後來此人得了麻瘋病，痛苦不堪。

《甘丹格言注釋》，「神猴救人」

余鄉有巫人李四者，曾受茅山法。其法多主害人，試之立驗，試牆牆裂，試酒酒酸，試繩繩折，試棺槨棺槨解。此巫在里中，人敬畏之，有所為，必請祈焉。一日，其女從別道來，通衢人知其巫

女，巫不知也。乃詒之曰：「前有女子來，爾有妙法能剪其裙繫使墮地乎？」巫曰：「不難。」即憑手運法，女裙帶繫倏然以解，一市皆笑。女近前，而後知其己女，自悔其用法之差。然則世之騁才為子孫種奇禍者，其用不若李巫也哉？

《談叢‧李巫》

這兩則寓言，來源各不相同。前一則寓言出自藏族《甘丹格言注釋》，借助神猴救人的故事，說明惡人恩將仇報，儘管恩人不與之計較，仍然會得到惡報，不會有好下場。後一則寓言出自江盈科撰《雪濤閣四小書》之一的《談叢》，通過李巫操茅山法害人，竟讓自己女兒受辱的故事，說明害人者終害己，概莫能外。

在明代幻想性人事寓言中，甚至在整個明代民間寓言中，最值得稱道的作品當推馬中錫撰《東田集》裡面的〈中山狼傳〉。〈中山狼傳〉是一篇流傳久遠的古代寓言故事，歷史上可能曾多次被文士錄寫。因此，關於它的作者，除馬中錫外，尚有〔唐〕姚合、〔宋〕謝良等說法[27]。此外，明代康海撰《中山狼》雜劇、王九恩撰《中山狼院本》、陳與郊撰《中山狼》雜劇等則是以中山狼寓言故事為題材的戲劇作品。

《中山狼傳》寫東郭先生好心搭救受傷的中山狼，將其藏在書袋內。剛剛躲過追捕，那狼出了書袋便要吃東郭先生。

先生倉猝以手搏之，且搏且卻，引蔽驢後，便旋而走。狼終不得有加於先生，先生亦竭力拒，彼此俱倦，隔驢喘息。先生曰：「狼負我！狼負我！」狼曰：「吾非固欲負汝，天生汝輩，固需吾輩食也。」相持既久，日暮遊移，先生竊念，天色向晚，狼復群至，吾死矣夫！因紿狼曰：「民俗，事疑必詢三老，第行矣，求三老而問之，茍謂我可食即食，不可即已。」狼大喜，即與偕行。

逾時，道無行人。狼饑甚，望老木僵立路側，謂先生曰：「可問是老。」先生曰：「草木無知，叩焉何益？」狼曰：「第問之，

27 參見陳蒲清著《中國古代寓言史》，湖南教育出版社1996年第2版，第311頁。

彼當有言矣！」先生不得已，揖老木，具述始末，問曰：「若然，狼當食我耶？」木中轟轟有聲，謂先生曰：「我，杏也。往年老圃種我時，費一核耳，逾年華，再逾年實，三年拱把，十年合抱，至於今二十年矣，老圃食我，老圃之妻子食我。外至賓客，下至於僕，皆食我。又復鬻實於市以規利。我其有功於老圃甚巨。今老矣，不得斂華就實，賈老圃怒，伐我條枚，芟我枝葉，且將售我工師之肆取值焉。噫！樗櫟之材，桑榆之景，求免於斧鉞之誅而不可得。汝何德於狼，乃覬免乎？是固當食汝。」言下，狼復鼓吻奮爪，以向先生。先生曰：「狼爽盟矣；矢詢三老，今值一杏，何遽見迫耶？」復與偕行。

狼愈急，望見老牸，曝日敗垣中，謂先生曰：「可問是老。」先生曰：「向者草木無知，謬言害事，今牛，禽獸耳，更何問為？」狼曰：「第問之，不問將咥汝。」先生不得已，揖老牸，再述始末以問，牛皺眉瞪目，舐鼻張口，向先生曰：「老杏之言不謬矣。老牸繭栗少年時，筋力頗健，老農賣一刀以易我，使我貳群牛事南畝。既壯，群牛日益老憊，凡事我都任之。彼將馳驅，我伏田車，擇便途以急奔趨；彼將躬耕，我脫輻衡，走郊坰以闢榛荊。老農親我猶左右手。衣食仰我而給，婚姻仰我而畢，賦稅仰我而輸，倉庾仰我而實。我亦自諒，可得帷席之蔽，如馬狗也。往年家儲無擔石，今麥收多十斛矣；往年窮居無顧借，今掉臂行村社矣；往年塵卮罌，涸唇吻，盛酒瓦盆，半生未接；今醐黍稷，據樽罍，驕妻妾矣；往年衣短褐，侶木石，手不知揖，心不知學，今持兔園冊，戴笠子，腰韋帶，衣寬博矣。一絲一粟，皆我力也。顧欺我老弱，逐我郊野；酸風射眸，寒日吊影；瘦骨如山，老淚如雨；涎垂而不可收，足攣而不可舉；皮毛俱亡，瘡痍未瘳。老農之妻妒且悍，朝夕進說曰：『牛之一身無廢物也：肉可脯，皮可鞟，骨、角可且切磋成器。』指大兒曰：『汝受業庖丁之門有年矣，胡不礪刃於砥以待？』跡是觀之，是將不利於我，我不知死所矣。夫我有功，彼無情，乃若是行將蒙禍；汝何德於狼，覬倖免乎？」言下，狼又鼓吻奮爪以向先生。先生曰：「毋欲速！」

遙望老子杖藜而來，鬚眉皓然，衣冠閒雅，蓋有道者也。先生且喜且愕，舍狼而前，拜跪啼泣，致辭曰：「乞丈人一言而生。」丈人問故，先生曰：「是狼為虞人所窘，求救於我，我實生之。今反欲咥我，力求不免，我又當死之。欲少延於片時，誓定是於三老。初逢老杏，強我問之，草木無知幾殺我。次逢老牸，強我問之，禽獸無知，又將殺我。今逢丈人，豈天之未喪斯文也？敢乞一言而生！」而頓首杖下，俯伏聽命。丈人聞之，欷歔再三，以杖叩狼曰：「汝誤矣！夫人有恩而背之，不祥莫大焉。儒謂受人恩而不忍背者，其為子必孝，又謂虎狼知父子。今汝背恩如是，則並父子亦無矣。」乃厲聲曰：「狼速去，不然，將杖殺汝！」

狼曰：「丈人知其一，未知其二。請訴之，願丈人垂聽。初，先生救我時，束縛我足，閉我囊中，壓以詩書，我鞠躬不敢息，又蔓詞以說簡子，其意蓋將死我於囊而獨竊其利也，是安可不咥？」丈人顧先生曰：「果如是，是羿亦有罪焉。」先生不平，具狀其囊狼憐惜之意。狼亦巧辯不已以求勝。丈人曰：「是皆不足以執信也。試再囊之，吾觀其狀果困苦否？」狼欣然從之，信足先生。先生復縛置囊中，肩舉驢上，而狼未之知也。丈人附耳謂先生曰：「有匕首否？」先生曰：「有。」於是出匕，丈人目先生使引匕刺狼。先生曰：「不害狼乎？」丈人笑曰：「禽獸負恩如是，而猶不忍殺，子固仁者，然愚亦甚矣！從井以救人，解衣以活友，于彼計則得，其如就死地何？先生其此類乎？仁陷於愚，固君子之所不與也。」言已大笑，先生亦笑，遂舉手助先生操刀共殪狼，棄道上而去。

這是一則思想意涵豐富，藝術價值甚高的民間寓言。它的篇幅較長，情節曲折，條理清晰，形象生動，雖經文人加工、潤飾，仍然保持了鮮明的民間文學特色，易為民眾理解和接受。它兼有人事寓言與擬人寓言的特徵，擅長調動各種藝術手段來揭示「切不可憐惜惡人」的題旨。作品後半部分問「三老」（問老杏、問老牛、問老丈），成功地採用民間故事三段體的結構模式，把故事推向高潮。故事結尾處，睿智果敢的杖藜老人在從

容對答中除掉惡狼,最是大快人心。這則寓言中著力刻畫的東郭先生與中山狼兩個主要形象,歷來都受到讀者、聽眾的普遍稱許,成為忠厚迂腐、善惡不辯者與恩將仇報、兇惡殘忍者的藝術典型。還須指出,這是一則具有世界性的寓言故事,它不但在中國流布,而且在印度、朝鮮等其他亞洲國家和歐洲、非洲的一些國家流布。《東田集・中山狼傳》乃是這一寓言故事現存最早的文本。

這個時期的幻想性人事寓言,尚有寫用古鏡照患瘧者即癒,蓋瘧鬼畏而逃遁,兄弟分家剖鏡後,古鏡隨即失靈;藉此強調兄弟和睦,家庭團結非常重要的《庚巳編・辟瘧鏡》、寫廟中所塑孔子、老君、釋迦牟尼像,不斷被道士、和尚、儒士調整挪動,三聖感歎他們無端被人搬壞;藉以說明世間某些吹捧師長者完全是為了抬高自己的《笑贊》「搬壞三聖」、寫唐僧師徒到達雷音寺取真經時,迦葉長者索要「常例」,拿走了唐天子所賜紫金缽盂,八戒告狀,佛祖竟為其開脫;說明貪腐之風無所不在,連佛教聖地也不能倖免的《笑贊》「要常例」、寫一奸詐之徒死後將被油煎,其人買通牛頭卒得以脫生,因賴帳又被叉入油鑊烹炸;說明惡人秉性難移,終將受到嚴懲的《解慍編・多口取禍》、寫盧生學道,擔心呂仙所點成金子之物,五百年後還原本色使後人受到損失;說明世人辦事不能只顧眼前利益,而置後世於不顧的《談叢・盧生》、寫一仙家指道旁一磚成赤金為贈,貧士嫌少,竟想要仙家手指;說明貪得無厭者欲壑難填的《笑府・指石為金》、寫一人懸疣(贅瘤)夜宿神廟,神命取氣球而令其人失疣而去,又一疣者聞而往宿神廟,神還球而令其懸雙疣歸;說明處事機遇十分重要,若時機有誤,很可能適得其反的《笑府・氣球》等。

第八章　明代的民間故事類型

　　明代是中國古代民間故事類型的一個大發展時期。在這個時期，不但原有的故事類增添了大量的異文，而且新湧現了將近一百七十個故事類型，成為中國古代出現民間故事類型最多的時期，充分顯示出中國古代民間故事類型一派欣欣向榮的景象。

　　這個時期包含新出現故事類型的典籍甚多，首先要提及的是《菽園雜記》（捉弄女巫型故事、尼庵命案型故事、殺姘婦型故事首見於此書），《七修類稿》（十七字詩型故事、雨中疑鬼型故事、三笑事型故事首見於此書），《應諧錄》（貓兒更名型故事、我今何在型故事、奈何姓萬型故事、瞎子墜橋型故事、多憂者型故事首見於此書），《益智編》（抱瓜伏罪型故事、剖傘決疑型故事、驗刀擒兇型故事首見於此書），《笑贊》（搬壞祖師型故事、如此賀銀型故事、跳窗者我型故事、合穿靴型故事、雨中逐客型故事、定不出去型故事、做屁文章型故事、秀才買柴型故事、幸戴氊帽型故事首見於此書），《雪濤小說》（剪箭管型故事、讓牆詩型故事、雞卵夢型故事、夢得金型故事、如此吃菱型故事、鄰家去痛型故事首見於此書），《雪濤諧史》（誘出戶型故事、撈魚去型故事、錯死人型故事、何以做人型故事、閻王訪醫型故事、受罰背石型故事、惡少剃眉型故事、等桌「知音」型故事、慳師授術型故事、信風水型故事、肚裡無有型故事、假銀也收型故事、落幾天型故事、心在哪裡型故事、一錢莫救型故事、大浴盆型故事、放不放由你型故事首見於此書），《談叢》（長江作浴盆型故事、智斷牛案型故事、禽獸相爭型故事首見於此書），《時興笑話》（落地與及第型故事、鋸酒杯型故事、父子扛酒型故事、索燭覓菜型故事、寧受腳踢型故事首見於此書），《笑禪錄》（剔燈棒型故事、補針鼻型故事、食不厭精型故事、跨鴨歸去型故事、請賊關門型故事首見於此書），《解慍編》（買豬千口型故事、聶字三耳型故事、有天無日型故事、難熬三年型故事、判魚判棺型故事、吏人立誓型故事、不語禪型故

事、驅蚊符型故事、吃「而已」型故事、蟬可跟主型故事、葡萄架倒型故事、江心賊型故事、死後不賒型故事、蝙蝠弄乖型故事首見於此書），《笑府》（近視認匾型故事、三婿贊馬型故事、未曾尊師型故事、「川」與「三」型故事、諱輸棋型故事、醃鴨生蛋型故事、奶奶屬牛型故事、藏鋤頭型故事、合本做酒型故事、不肯相讓型故事、慢性子型故事、家父燒了型故事、隔夜變粗型故事、謝周公型故事、偷自家型故事、自咬耳朵型故事、垛子助陣型故事、仁馬虎型故事、打半死型故事、願為母狗型故事、願換手指型故事、我是取笑型故事、吊我罷型故事、第一聲像型故事、賊遇偷型故事首見於此書），《雅謔》（紅米飯型故事、弔孝墜帽型故事、和尚挨打型故事、拉屎留名型故事、靠父養活型故事首見於此書），《笑林》（豆腐是命型故事、幸不屬虎型故事、合種田型故事、老爺糊塗型故事、我也敗家型故事、勿許日子型故事、吃糟餅型故事首見於此書），《古今譚概》（一笑姻緣型故事、婆奸媳型故事、計奪新靴型故事、丹客行騙型故事、折蘆辨盜型故事、試騎騙馬型故事、東門王皮型故事、春雨似油型故事、步步高型故事首見於此書），《精選雅笑》（盜牛巧言型故事、鹹殺他型故事、如此搬家型故事首見於此書），《醒世姻緣傳》（西周生撰，戲弄蛋販型故事、鋸茅椿型故事、抬桶過橋型故事首見於此書）。

這個時期包含新出現故事類型的典籍，還有《阿留傳》（陸容撰，覓凳腳型故事、拔樹防盜型故事首見於此書），《九朝野記》（某生被誣型故事、「活佛」騙局型故事首見於此書），《南詔野史》（楊慎輯，望夫雲型故事、轆角莊型故事首見於此書），《艾子後語》（袋中姦夫型故事、吾凍汝兒型故事首見於此書），《稗史彙編》（真假新娘型故事、天妃救厄型故事首見於此書），《益智編》（抱瓜伏罪型故事、剖傘決疑型故事首見於此書），《續金陵瑣事》（新婦制賊型故事、取書作枕型故事首見於此書），《中洲野錄》（勸阻念佛型故事、諷觀競渡型故事首見於此書），《智囊補》（藏金失竊型故事、咬耳授計型故事首見於此書），《時尚笑談》（妻手如薑型故事、教官索節型故事首見於此書）以及《元史》（宋濂等撰，虎口救親型故事首見於此書）、《遜志齋集》（假鬼駭巫型故事首見於此書）、《東田集》（中山狼型故事首見於此書）、《九籥集》（宋懋澄撰，失印復歸型故事首見於此書）、《病逸漫記》（殺姘

婦型故事首見於此書）、《猥談》（失屍冤案型故事首見於此書）、《都公談纂》（一字笑話型故事首見於此書）、《權子》（假假真真型故事首見於此書）、《宦游紀聞》（八王四鬼型故事首見於此書）、《高坡異纂》（救產婦型故事首見於此書）、《戒庵老人漫筆》（動物鳴冤型故事首見於此書）、《憨子雜俎》（十兄弟型故事首見於此書）、《耳談》（瓜異案型故事首見於此書）、《劉三妹歌仙傳》（張爾翮撰，劉三妹型故事首見於此書）、《雲南通誌》（觀音負石型故事首見於此書）、《讀書鏡》（咬奶頭型故事首見於此書）、《客座贅語》（莫射虎皮型故事首見於此書）、《新刻華筵趣樂談笑酒令》（如何下得手型故事首見於此書）、《原李耳載》（石佛出世型故事首見於此書）、《露書》（助寡改嫁型故事首見於此書）、《駒陰冗記》（真老烏龜型故事首見於此書）等。

第一節　明代的民間笑話類型

明代新出現的民間故事類型，數量最多的是民間笑話方面的故事類型，約八十個，占總數的二分之一，其數量之多，不但超過先前的各個時期，而且也超過此後的清代。在這個時期新出現的民間笑話方面的故事類型中，有相當一批故事類型十分詼諧風趣，膾炙人口，數百年間一直不脛而走，歷久不衰。嘲諷笑話方面，如奶奶屬牛型故事、難熬三年型故事、假銀也收型故事、老爺糊塗型故事、吏人立誓型故事、蟬可跟主型故事、一錢莫救型故事、死後不賒型故事；勸戒笑話方面，如搬壞祖師型故事、願換手指型故事、幸不屬虎型故事、垛子助陣型故事、何以做人型故事、錯死人型故事、閻王訪醫型故事、偷自家型故事；諧趣笑話方面，如仨馬虎型故事、願為母狗型故事、僧道醫止風型故事、第一聲像型故事、借牛自來型故事、心在哪裡型故事、諱輸棋型故事、醃鴨生蛋型故事，都具有一定的代表性。

在這個時期新出現的笑話方面的故事類型中，有不少在明代已多有記載，頗為引人注目，在清代及近代又曾收入各種笑話集，至今仍廣為流布。譬如，我今何在型故事，明代初見於《賢奕篇‧應諧錄》：

一里尹管解罪僧赴戍。僧故點，中道，夜酒里尹，致沉醉鼾睡，己取刀髡其首，改縲己索，反縲尹項而逸。凌晨，里尹寤，求僧不得，自摩其首髡，又索在項，則大詫驚曰：「僧故在是，我今何在耶？」

《應諧錄・僧在》

明代還見於《雪濤小說》、《笑贊》、《解慍編》、《笑府》等書：

嘗聞一隸卒，奉官司旨，執一奸僧，械而繩焉，牽與俱走。其僧點甚，圖自脫，至夜，就逆旅中，治具甚豐潔，取酒跪奉卒，曰：「以我之故勞君，此所以酬也。」卒故嗜酒，僧百計勸之，至大醉，不辨人事，頹然而臥。僧乃自脫其械，取刀髡卒，以械械其手，攣之繩焉，而卒齁睡猶故也。僧乘其醉，逸去。翌日，卒酒醒，視械在其手，又繩也，摩其頂，髡矣，而僧不見，乃歎曰：「和尚在這裡，只不見我。」趨歸其家，妻方理櫛對鏡，見卒至，輒詈曰：「何物奸僧，那得帶械入人閨中？」卒趨出，頓足曰：「我道不是我了。」

《雪濤小說・喪我》

一和尚犯罪，一人解之，夜宿旅店，和尚酤酒勸其人爛醉，乃削其髮而逃。其人酒醒，繞屋尋和尚不得，摩其頭則無髮矣，乃大叫曰：「和尚倒在，我卻何處去了。」

《笑贊》，「我卻何處去了」

僧人犯罪，官令役夫押解配所，途受犯僧賄賂。至夜，僧灌以酒，同其醉睡，因削其髮而逃。役夫酒醒，忙索犯僧，不見；及捫自首，禿而無髮，大驚呼曰：「和尚猶在，我卻何處去了？」

《解慍編》卷四，〈財酒誤事〉

一卒管解罪僧赴戍。僧故點，中道醉之以酒，取刀髡其首，脫己索，反縲之而逸。次早卒寤，求僧不得，自摩其首居然髡也，而

索又在項，乃大詫曰：「僧故在此，我在哪裡去了？」

《笑府・解僧卒》

清代及近代又有《笑得好》初集〈我不見了〉、《嘻談續錄》卷上〈我何在〉、《破涕錄》（五）「不知我在哪裡去了」、《笑林博記》卷一〈我在何處〉等異文。現當代仍在山西、河北、河南、湖北、陝西、浙江等地流布。

又如，錯死人型故事，明代初見於萬曆年間刊行的《雪濤諧史》：

> 有塾師者，素不工文。其東道家索師為文致奠親家公，師無以應，檢舊本有祭親家母文一首，因錄與之。一時吊客皆曰：「塾師錯做文字。」塾師聞之，罵曰：「我文殊不錯，他家錯死了人。」

《雪濤諧史》「他家錯死了人」

明代尚見於《時興笑話》、《解慍編》、《笑府》等：

> 東家喪妻母，往祭，托館師撰文，乃按古本誤抄祭妻父者與之。識者看出，主人大怪館師，館師曰：「古本上是刊定的，如何會錯，只怕是他家錯死了人。」

《時興笑話》卷下，〈錯死〉

> 館東喪妻母，托教讀作祭文。教讀按古本，誤抄祭妻父文與之。館東怪而問之。教讀曰：「我買刊本已定，誰教你家錯死了人。」

《解慍編》卷一，〈錯死人〉

> 一人喪妻母，托館師作祭文，乃按古本誤抄祭妻文與之。其人怪問，館師曰：「此文是刊本定的，如何得錯？只怕倒是他家錯死了人，這便不關我事。」

《笑府・作祭文》

清代及近代又有《笑得好》初集〈死錯了人〉、《笑林博記》卷七〈死錯了人〉等異文。現當代仍在雲南、海南、浙江、湖南、湖北、山東、山西、河北、寧夏、陝西等地的漢族和一些少數民族聚居區流布。

當然，也有一些新出現的笑話方面的故事類型，這個時期僅見於一書，清代及近代未有記載，到了現當代卻廣為流布，十分活躍。比如，撈魚去型故事，僅見於《雪濤諧史》一書，現當代則在臺灣、海南、廣西、浙江、山東、河南、河北、山西、陝西、寧夏、甘肅、新疆、青海、四川、雲南、湖南、湖北等地的漢族、回族、彝族、壯族、白族、哈尼族、侗族、柯爾克孜族、仫佬族、納西族、東鄉族聚居區流布。又如，心在哪裡型故事，僅見於《雪濤諧史》一書，現當代則在北京、天津、河北、河南、山西。陝西、甘肅、四川、湖南、湖北、安徽、江西、江蘇、上海、浙江、福建等地流布。

第二節　明代的寫實故事類型

明代出現新的寫實故事方面的故事類型，門類較為齊備，數量近七十個，僅次於笑話方面的故事類型，進一步顯示出中國古代民間故事類型日益貼近現實生活的總的發展趨勢。這些故事類型，有三個方面值得特別提出：

第一，新出現的案獄題材的故事類型較為突出。其中，既有相當數量的命案方面的故事類型，如驗刀擒兇型故事、尼庵命案型故事、失屍冤案型故事、動物鳴冤型故事、瓜異案型故事、某生被誣型故事；又有一般獄訟內容的故事類型，如剖傘決疑型故事、抱瓜伏罪型故事、蘆管辨盜型故事、智判牛案型故事、助寡改嫁型故事、咬耳授計型故事、藏金失竊型故事。它們往往在揭示審案官吏的精明睿智和剛直公正的同時，還表現了民眾是愛憎分明的情感和懲惡揚善的願望，使富有中國特色的案獄題材故事類型得到了進一步充實。在這些故事類型中，有的明、清時期雖多有記載，至現當代卻流布不廣，甚或不復流布。比如，某生被誣型故事，明、清及近代見諸《九朝野記》、《前聞記》、《治世餘聞》、《讕言長語》、《情史》、《智囊補》、《右台仙館筆記》、《古今情海》等，現當代卻未見流布。又如，失屍冤案型故事，明、清及近代見諸《獪談》、《古今譚概》、《續子不語》、《夜譚隨錄》、《虞初支志》、《北東園

筆錄》、《右台仙館筆記》、《折獄奇聞》等，現當代也未見流布。有的不但明、清時期多有記載，而且現當代亦流布較廣。比如，藏金失竊案型故事，明代見諸《智囊補》，清代見諸《咫聞錄》、《蝶階外史》、《右台仙館筆記》、《中國偵探案》、《施公案》等，現當代仍在寧夏、甘肅、山西、山東、江蘇、海南、廣西等地的漢族和個別少數民族聚居區流布。又如，動物鳴冤型故事，明代見諸《戒庵老人漫筆》、《耳談》，清代及近代見諸《堅瓠集》、《虞初新志》、《竇存》、《見聞隨筆》、《古今情海》等，現當代亦在江西、上海、山東、河北、陝西等地流布。

第二，明代新出現的諷刺、幽默門類的寫實故事類型，不但數量較多，而且藝術質量較高。諷刺故事方面的故事類型，如合種田型故事、有天無日型故事、判魚判棺型故事、假鬼駭巫型故事、雞卵夢型故事、吃「而已」型故事、東門王皮型故事、剔燈棒型故事，幽默故事方面的故事類型，如誘出戶型故事、撈魚去型故事、信風水型故事、不語禪型故事、覓凳腳型故事、雨中逐客型故事、跨鴨歸去型故事、近視認匾型故事，都繞有興味，膾炙人口。這些故事類型的生活氣息相當濃郁，它們或者辛辣而又適度，或者風趣而不淺薄，藝術性頗高，深受民眾喜愛，大都至今仍在各地流布。試看，有天無日型故事，明代分別見諸《解慍編》、《廣笑府》，清代及近代見諸《笑得好》、《笑林廣記》、《破涕錄》、《笑林博記》等，現當代仍在天津、河北、山西、陝西、湖北、上海、雲南等地的漢族和個別少數民族聚居區流布。信風水型故事，明代分別見諸《雪濤諧史》、《笑林》，清代及近代分別見諸《笑倒》、《笑林廣記》、《笑林博記》等，現當代仍在寧夏、青海、陝西、河北、四川、湖北、湖南、海南、浙江、上海、江蘇、廣西等地的漢族和個別少數民族聚居區流布。還須指出，諷刺、幽默門類的寫實故事類型，其題旨、風格、韻味與笑話方面的故事類型較為相似，兩者相互呼應，相互補充，強化了這個時期新出現故事類型呈現的諷世、嘲謔、諧趣的藝術效果，給人留下非常鮮明的印象。

第三，在明代寫實故事方面新出現的故事類型中，詩對故事類型的湧現成為一個亮點。詩對故事是由中國漢字通俗詩歌、通俗對聯構成的民間故事，流傳於中國漢族和部分少數民族聚居區。以吟詩，屬對為內容的故事類型，在明代之前所見甚少，僅宋代有對偶親切型故事一例。到了明代

才出現許多這方面的故事類型。此種故事類型以詩歌、對聯作為構成要素，甚至成為故事類型核。像吟詩故事方面的十七字詩型故事、三笑事型故事、讓牆詩型故事、春雨似油型故事、巧改竹對型故事、諷觀競渡型故事、真老烏龜型故事、三婿贊馬型故事，屬對故事方面的八王四鬼型故事、長江作浴盆型故事，大都膾炙人口，易於在民間傳播。譬如，十七字詩型故事，明代分別見諸《七修類稿》、《稗史彙編》、《古今譚概》，清代及近代分別見諸《堅瓠集》、《笑笑錄》、《笑林博記》等，現當代仍在遼寧、河北、北京、天津、山西、陝西、寧夏、青海、四川、貴州、河南、湖北、安徽、江蘇、上海、浙江、福建等地漢族和個別少數民族聚居區流布。又如，真老烏龜型故事，明代分別見於《駒陰冗記》、《古今譚概》，清代及近代分別見諸《堅瓠集》、《嘻談錄》、《笑林廣記》、《姓氏嘲謔錄》等，現當代仍在安徽、江蘇、上海、浙江、江西、福建、廣東、湖南、湖北、四川、陝西等地流布。再如，八王四鬼型故事，明代分別見諸《宦游紀聞》、《古今譚概》，清代見諸《堅瓠集》、《詹曝雜記》、《增訂解人頤廣集》等，現當代仍在湖南、湖北、四川、寧夏等地漢族和個別少數民族聚居區流布。

此外，在明代寫實故事方面新出現的故事類型中，諸如「活佛」騙局型故事、咬奶頭型故事、虎口救親型故事、丹客行騙型故事、咬耳授計型故事、戲弄蛋販型故事等故事類型，也頗有影響。舉例來講，「活佛」騙局型故事。明代分別見諸《九朝野記》、《稗史彙編》，清代及近代分別見諸《續子不語》、《里乘》、《清朝野史大觀》、《清稗類鈔》、《大清見聞錄》、《新世說》等，現當代仍在福建、四川等地流布。咬奶頭型故事，明代見諸《讀書鏡》，清代及近代分別見諸《三借廬筆談》、《清朝野史大觀》、《大清見聞錄》等，現當代仍在浙江、上海、江蘇、安徽、福建、湖南、湖北、四川、河南、陝西、甘肅、寧夏、青海、新疆、河北、北京、遼寧等地漢族和維吾爾族、滿族、土家族、土族等少數民族聚居區。咬耳授計型故事，明代見諸《智囊補》，清代及近代見諸《夢廠雜著》、《蟲鳴漫錄》、《仕隱齋涉筆》、《清稗類鈔》、《近五十年見聞錄》、《中國惡訟師》（近人襟亞撰）等，現當代仍在河南、河北、山西、陝西、四川、湖北、湖南、江蘇、上海、安徽、浙江、福建、海南等地的漢族和個別少數民族聚居區流布。

第三節　明代的其他故事類型

　　明代新出現的幻想故事、民間寓言和民間傳說方面的故事類型，除傳說類型稍多外，數量都很少。但是，在每一個方面之中，均有一些知名度高、影響大的故事類型，頗為耀眼。像幻想故事方面的十兄弟型故事，民間寓言方面的中山狼型故事、貓兒更名型故事，民間傳說方面的劉三妹型故事、一笑姻緣型故事都無不廣為人知。

　　這些著名的故事類型，有的在明、清時期不斷見諸文字記載，有的則僅見於一書，但在現當代大都廣為流布，相當活躍。試看：

　　劉三妹型故事，明代分別見諸《劉三妹歌仙傳》（張爾翩撰）、《歌仙劉三妹傳》（孫芳桂撰），清代及近代分別見諸《峒溪纖志志餘》（陸次雲撰）、《廣東新語》、《池北偶談》、《粵述》（閔敘撰）、《潯州府志》、《陽春縣誌》、《宜山縣誌》、《貴縣志》、《蒼梧縣誌》、《開平縣誌》等，現當代仍在廣西、廣東等地的壯、漢、苗、瑤等民族中流布。

　　十兄弟型故事，僅見諸明代《憨子雜俎》，現當代則在新疆、內蒙古、甘肅、青海、寧夏、山西、河北、黑龍江、吉林、山西、山東、河南、江蘇、上海、浙江、福建、廣東、海南、湖南、廣西、貴州、雲南、四川、陝西等地的漢、蒙古、回、苗、彝、壯、朝鮮、傈僳、黎、哈薩克、畬、保安等民族聚居區流布。

　　貓兒更名型故事，明代見諸《應諧錄》，近代分別見諸《滑稽故事類編》、《笑林博記》，現當代仍在西藏、雲南、四川、貴州、廣西、廣東、福建、浙江、上海、安徽、湖北、湖南、海南、河南、河北、山西、山東、吉林、黑龍江、內蒙古、甘肅、陝西等地漢、蒙古、藏、苗、壯、土家、阿昌等民族聚居區流布。

第九章　明代的民間故事採錄

　　明代的民間故事採錄，繼承了中國古代民間故事採錄的優良傳統，並加以發揚光大，進入一個新的發展時期。這個時期的民間故事採錄，沒有出現如像宋元時期的《夷堅志》那樣的鴻篇巨製和洪邁那樣出類拔萃的採錄家。其主要的特點是，載有新採錄的民間故事的著作數量較大，採錄的水平普遍較高，而且出現了許多比較有成就的民間故事採錄家，主要有：

　　陸容（1436-1494），字文量，號式齋，太倉（今屬江蘇）人。明代文學家。撰有《菽園雜記》、《式齋集》等。

　　祝允明（1460-1526），字希哲，號枝山、枝指生，長洲（今屬江蘇蘇州）人。明代文學家、書法家。撰有《祝氏集略》、《懷星堂集》、《語怪編》、《志怪錄》、《猥談》、《九朝野記》、《枝山前聞》等。

　　郎瑛（1487-？），字仁寶，浙江古杭仁和人。明代文學家。撰有《七修類稿》、《萃忠錄》等。

　　陸深（1477-？），初名榮，字子淵，號儼山，上海人。明代文學家。撰有《儼山文集》、《儼山外集》、《金台紀聞》、《知命錄》等。

　　徐禎卿（1479-1511），字昌谷，一字昌國，吳縣（今屬江蘇）人。明代文學家。撰有《迪功集》、《異林》、《剪勝野聞》、《談藝錄》等。

　　田汝成，字叔禾，錢塘（今浙江杭州）人。生卒年不詳。明代小說家。撰有《幽怪錄》、《西湖遊覽志》、《西湖遊覽志餘》、《田叔禾集》等。

　　陸粲（1494-1551），字子餘，一字浚明，長洲（今屬江蘇蘇州）人。明代文學家、史學家。撰有《庚巳編》、《說聽》、《陸子餘集》、《左傳附註》等。

　　王文祿，字世廉，海鹽（今屬浙江）人。明代文學家。撰有《機警》、《求志篇》、《明世學山》等。

　　朱孟震，字秉器，自署秦關散吏、鬱木山人，新淦（今江西新干）人。明代文學家。撰有《河上楮談》、《汾上續談》、《遊宦餘談》、

《朱秉器集》等。

劉元卿（1544-1609），字調父，號旋子，人稱瀘瀟先生，江西安福人。明代學者、文學家。撰有《賢奕篇》、《大學新編》、《諸儒學案》等。

江盈科（1553-1605），字進之，號綠蘿山人，湖廣桃源（今屬湖南）人。明代小說家。撰有《雪濤閣集》（內收《雪濤小說》、《諧史》、《聞紀》、《談言》、《談叢》）、《明六十種小傳》、《雪濤閣四小書》等。

王同軌，字行父，黃岡（今屬湖北）人，生卒年不詳。明代小說家、詩人。撰有《耳談》、《王行父集》、《蘭馨集》等。

謝肇淛（1567-1624），字在航，福建長樂人。明代小說家、批評家。撰有《五雜俎》、《塵餘》、《長溪瑣語》、《文海披沙》、《小草齋文集》等。

陳繼儒（1558-1639），字仲醇，號眉公，又號麋公，松江華亭（今上海松江）人。明代文學家。撰有《寶顏堂秘笈》、《虎薈》、《銷夏錄》、《辟寒錄》、《群碎錄》、《見聞錄》、《筆記》、《枕譚》、《書蕉》、《珍珠船》、《太平清話》等。

茲從民間故事結構模式、民間故事異文、民間故事講述人等方面，對明代的民間故事採錄作全面介紹和論析。

第一節　明代的民間故事結構模式

明代諸家採錄者錄寫民間故事時，對其結構形態的捕捉，以二段體與三段體結構模式居多，另外尚有四段體、五段體、複合式等結構模式，但不多見。在某些故事中，可能同時包含兩種結構模式，譬如同時包含一個四段體與二段體，同時包含兩個三段體等等。

一、二段體結構模式

二段體是明代民間故事較多的一種結構模式，包括不形成對比的一般二段體和形成對比的二段體，而這兩種二段體，都有縱向（一個故事角色先後做同樣或類似的兩件事）和橫向（兩個故事角色先後做同樣或類似的一件

事）兩種形態。就作品而言，既有整篇為二段體結構模式的，此種故事大都篇幅短小；又有局部為二段體結構模式的，此種故事大都篇幅較長。比如：

> 二士並鄰，一溫一寒，晝相呼坐門臬共話。溫士之妻遣兒來告曰：「炊已熟，當云何？」士曰：「斟酌下水。」蓋作羊羹也。寒士家時煮菜粥，其妻亦遣兒來告曰：「炊已熟，當云何？」寒士亦效之曰：「斟酌下水。」兒拊掌曰：「豈不成馬料耶！」
>
> 《解慍編》卷九，〈貧欲學富〉

> 賈秋壑宴客，庖人進鱉。一客不食，曰：「某奉祀真武，鱉似真武案下龜，故不食。」盤中復有甘蔗，又一客曰：「不食。」秋壑詰其故，客曰：「某亦祀真武，蔗不似真武前旗竿乎？」滿座大笑。
>
> 《雅謔‧祀真武》

> 昔一女婿癡蠢無能，妻教之曰：「吾家世傳二軸古畫，乃是『荒草渡頭韓幹馬』，『綠楊堤畔戴嵩牛』，你若見畫，以此二句稱讚之。」後至岳丈家，岳丈果將畫與婿觀看，婿將妻教之言羨之。岳丈歡悅。後又買十八學士畫一軸，召婿觀看好否。婿一展開觀之，乃曰：「好一軸古畫，卻是『荒草渡頭韓幹馬，綠楊堤畔戴嵩牛』。」同觀者大笑。岳丈罵云：「你只識牛識馬，何曾識得人。」
>
> 《華筵趣樂談笑酒令》第四卷，〈談笑門‧嘲不識人〉

這三則故事，第一則寫溫士與寒士先後回話「斟酌下水」，第二則寫一客言奉祀真武而不食鱉，一客言奉祀真武而不食甘蔗，均為橫向二段體結構模式；第三則寫癡婿首次看岳丈的二軸古畫，稱其「荒草渡頭韓幹馬，綠楊堤畔戴嵩牛」而受贊許，再次看岳丈的一軸十八學士畫亦稱其「荒草渡頭韓幹馬，綠楊堤畔戴嵩牛」被呵斥，為縱向二段體結構模式。其中，第一則溫士與寒士先後同樣的回答，第三則癡婿先後兩次同樣的評畫，形成對比；第二則二客先後忌食的回答則不形成對比。

又如，《幽怪錄‧桃園女鬼》寫元夕觀燈時，一美貌少女來與某家

少年同寢處，自此夜至晨去，久而愈密。父母發覺後，勸子速與女絕，竟不能斷。父母報官，郡守教其子歸家探女由何處來，皆被女識破。派兵捉之，皆不能進。後來，郡守據女之姿貌、衣著斷定其為通判未笄而殞、埋於桃園之亡女，突然集弓兵二百名前去發通判女塚，斫棺焚之，其怪遂絕。其中「報官」一段，包含兩個縱向二段體結構模式：

> 翁嫗無如之何，復謀之於鄰，首諸官，展轉達於郡守。李郡守召子來，不伺訊鞫，即自承伏云云，然不知其姓屬居止也。守思之，殆是妖祟，非人也。不下刑筆，教其子令以長線綴其衣，明日驗之。子受教歸，比夜入室，女早先知，迎謂曰：「汝何忽欲綴吾衣耶？袖中針線速與我。」子不能奪，即付之。翌日，復於守。守曰：「今夕當以剪刀斷其裙。」予之剪歸。女復迎接，怒曰：「奈何又要剪吾衣裙？速付剪來，莟莟貸放。」子亟予之。又復於守，守怒，即命民兵數人往取之。兵將近其家，女先在室，知之。時方晴皎，忽大雨作，眾不可前，乃返命於守。守益怒，命一健邑丞帥兵數十，往以取之。女亦在室，丞兵將至，忽大雷電，雨翻盆而下，謂火歸掣，殊不能進，亦回返以告。

其中的第一個縱向二段體為：郡守令子以長線綴女衣，女奪其針線；郡守令子以剪刀斷女裙，女奪其剪刀。第二個縱向二段體為：郡守怒，命民兵數人取女，遇大雨不可前，乃返回；郡守益怒，命一健邑丞帥兵數十取女，遇大雷電，雨傾盆而下，殊不能進，亦返回。

除以上作品外，這個時期包含二段體結構模式的故事，尚有寫鄉民於某先後兩次遇土地，稱其將死矣，均無恙的《庚巳編·村民遇土地》、寫艾子與二弟子郊遊時渴甚，執子乞漿時如實讀出「真」字而老父不與；通子讀成「直八」二字，老父出家釀與之的《艾子後語·認真》、寫某人令僕逐客，稱天將雨，客說「將雨怎麼去的」，竟不去；稍間僕又逐客，稱雨住了，客說「雨住了還怕甚的」，仍不去的《笑贊》「逐客」、寫一人封銀一錢與友賀喜，書銀封云：「銀五分，賒五分」；其友回禮，以空封書云：「銀一錢，除五分，賒五分」的《笑贊》「賀禮」、寫一人在朋

友面前捉一虱，丟下地曰「我只道是個蝨子」；其友從容拾起來看，曰「我只道不是個蝨子」的《時興笑話‧蝨子》、寫一大老放屁後說「是我撒了個屁」，清客奉承道「不見得臭」，大老說「好人的屁不臭就不好了」，清客以手且招且嗅道「才來」的《時興笑話‧清客》、寫一主人夜飲，僕攜燈往候，主曰：「少時便天明矣，何用燈焉？」至天明，僕復往接，主曰：「汝大不曉事，今日反不帶燈來」的《精選雅笑‧攜燈》以及《權子‧假人》、《賢奕篇‧應諧錄‧同病》、《解慍編‧爭魚爭鮓》、《解慍編‧蝙蝠推奸》、《華筵趣樂談笑酒令‧嘲不識人》、《笑府‧氣球》、《廣笑府‧貧欲學富》、《笑林‧合種田》等。

二、三段體結構模式

三段體是明代民間故事最多的一種結構模式，包括縱向三段體（一個故事角色先後做同樣或類似的三件事）和橫向三段體（三個故事角色先後做同樣或類似的一件事）兩類。既有整篇為三段體結構模式的作品，又有局部為三段體結構模式的作品，而以前一種作品較為常見。比如：

> 一人家貧而不善飲，每出，止啖糟餅二枚，即有酣狀。適遇友人問曰：「爾晨飲耶？」曰：「非也，食糟餅耳。」歸以語妻，妻曰：「便說飲酒，也妝些門面。」夫領之。及出，遇此友，問如前，以吃酒對。友詰之曰：「熱吃乎？冷吃乎？」答曰：「是熯[28]的。」友笑曰：「仍是糟餅。」既歸而妻知之，咎曰：「酒如何說熯？須云熱飲。」夫曰：「已曉矣。」再遇此友，不待問，即誇云：「我今番的酒是熱吃的。」友問曰：「爾吃幾何？」伸指曰：「兩個。」
>
> 《笑林‧糟餅》

> 一婿有呆名，舅指門首楊竿問曰：「此物何用？」婿曰：「這樹大起來，車輪也做得。」舅喜曰：「人言婿呆，妄也。」及至廚

---

[28] 熯（hàn 旱）：用微火焙。

下，見碾醬擂盆曰：「這盆大起來，石臼也做得。」適岳母撒一
屁，曰：「這屁大起來，霹靂也做得。」

《笑府·呆婿》

這兩則故事，都是整篇為一個三段體的結構模式。第一則故事寫食糟
餅者三次回答友人提問，為一個縱向三段體結構模式。第二則故事寫呆婿
三次稱讚物體、行為，也是一個縱向三段體結構模式。

又如，《語怪·前世娘》寫胡指揮妾死後投胎於一民家，生下便稱為
胡家二室。胡往抱即與胡密言舊事。胡取女歸，呼諸子諸婦相見，併發地
取出往昔所瘞財物。既長，堅不肯嫁。待胡去世始強嫁之。其前半部分包
含一個橫向三段體結構模式：

> 宣府都指揮胡緝，有妾死後，八十里外民家產一女，生便言
> 「我胡指揮二室也，可喚吾家人來。」其家來告，胡不信，令二僕
> 往。女見僕遽呼名，言：「汝輩來，何用請主翁來？」僕返命，胡
> 猶不信，更命二婢事妾者往。婢至，女又呼之，言生前事，令必請
> 主翁來。婢歸言之，胡乃自往。女見胡喜，言：「官人，汝來甚
> 好。」因道前身事，胡即抱女於懷。

再如，《語怪·水寶》[29]，其中包含一個人縱向三段體：回回買水寶
時與居民議價；回回買水寶時與縣令議價；回回買水寶時與太守議價。
而第一段回回與民眾議價中，又包一個三段體：第一次居民言須十金，回
回允諾；第二次居民改言須二十金，回回又表示應允；第三次居民稱「戲
耳，烏有賣理！」回回發怒，遂聞於縣。

除以上作品外，這個時期包含三段體結構模式的故事，尚有寫昔人
令兒子為其搔癢，三次弗中；令妻子為其搔癢，五次弗中；其人自引手，
一搔而癢絕的《賢弈編·應諧錄·搔癢》、寫兩道士當門飲酒，見府縣官
過，全然不理；見司道官過，亦全然不理；見巡捕官過，即忙躲桌下的

---

[29] 引文見本編第一章明代的幻想故事（上）第二節明代的神異故事（二）。

《時興笑話‧道士》、寫一客去酒店後，主問「菜內可著醋？」客曰「著些亦好。」主又問「豆腐可著醋？」客曰「著些亦好。」主再問「酒中可著醋？」客曰「酒中如何著醋？」主攢眉曰「已著醋了」的《精選雅笑‧酸酒》、寫一富翁壽宴時請大婿用食，大婿云「君子謀道不謀食。」翁大喜，請次婿飲酒，次婿曰「惟酒無量，不及亂。」翁亦喜甚；翁請小婿飲酒，小婿道「我和你酒逢知己千杯少。」翁怒罵之，小婿又道「我與你話不投機半句多」的《笑海千金‧話不投機》、寫一好飲者向慳吝故人討酒，故人曰「吾賤寓甚遠，不敢勞煩玉趾。」其人曰「諒不過只有二三十里。」故人又曰「敝寓所甚隘，不堪停尊駕。」其人曰「但開得口就好。」故人再曰「奈器皿不備，無有杯盞。」其人曰「就瓶飲亦好」的《華筵趣樂談笑酒令‧瓶飲亦好》、寫三個女婿為岳父賀壽祝酒，各說手藝，大婿云「春染嬌藍夏染紅，只因天道不相同。殷勤時備三杯酒，鞠躬獻上丈人翁。」二婿云「春釣鰻魚夏釣鯕，只因海水不相同。殷勤時備三杯酒，鞠躬獻上丈人翁。」三婿云「春種蘿蔔夏種蔥，只因地道不相同。殷勤時備四杯酒，鞠躬獻上丈人翁」的《華筵趣樂談笑酒令‧嘲勸客飯酒》、寫一巡捕官值按院門，太守來報云「太老官人進」受責；次日太守來，報云「太公祖進」又受責；第三日太守又來，自念鄉語不可，通文亦不可，乃報云「前日來的，昨日來的，今日又來了」的《笑林‧慣撞席》以及《中山狼傳》、《庚巳編‧梁澤》、《時尚笑談‧說大話》、《精選雅笑‧性急》、《笑海千金‧譏賣淡酒》、《笑林‧才人》、《笑府‧三婿贊馬》。

三、四段體及其他結構模式

四段體結構模式，在明代民間故事中不太多見。其中，既有通篇由四段體組成的，又有局部為四段體的。通篇由四段體組成的作品，例如：

湖南觀察使李庚，有女奴名卻要，美容止，善辭令。李有四子，所謂大郎、二郎、三郎、五郎，咸欲烝[30]之而不得。當遇清明

---

[30] 烝（zheng 征）：古代指同母輩通姦。

夜，大郎遇之櫻桃花影中，乃持之求偶。卻要取茵席授之曰：「可於廳中東南隅停待。」又遇二郎調之。曰：「可於廳中東北隅相待。」又逢三郎求之。曰：「可於廳中西南隅相待。」又遇五郎握手不可解。曰：「可於廳中西北隅相待。」四郎皆持所授茵席，各趨一隅。頃卻要然炬豁扉照之，曰：「阿堵貧兒，爭敢向這裡覓宿處！」四子各棄所攜，掩面而走。

《古今譚概》顏甲部第十八，〈李庾女奴〉

在此則故事中，李庾四個兒子──大郎、二郎、三郎、五郎先後調戲女奴卻要，卻要分別讓四子在廳中東南、東北、西南、西北隅相待，形成一個四段體結構模式。

局部為四段體的作品，例如：

一僧號不語禪，本無所識，全仗二侍者代答。適遊僧來參問：「如何是佛？」時侍者他出，禪者忙迫無措，東顧復西顧。又問：「如何是法？」禪不能答，看上又看下。又問：「如何是僧？」禪無奈，輒瞑目矣。又問如：「何是加持？」禪但伸手而已。遊僧出，遇侍者，乃告之曰：「我問佛，禪師東顧西顧，蓋謂人有東西，佛無南北也；我問法，禪師看上看下，蓋謂是法平等，無有高下也；我問僧，彼且瞑目，蓋謂白雲深處臥，便是一高僧也；問加持，則伸手，蓋謂接引眾生也。此大禪可謂明心見性矣。」侍者還，禪僧大罵曰：「爾等何往？不來幫我。他問佛，教我東看你又不見，西看你又不見；他又問法，教我上天無路，入地無門；他又問僧，我沒奈何，只假睡；他又問加持，我自愧諸事不知，做甚長老？不如伸手沿門去叫化也罷。」

《解慍編》卷四，〈不語禪〉

這則故事的前半部分由一個四段體構成，這便是禪僧回應「如何是佛？」禪僧回應「如何是法？」禪僧回應「如何是僧？」禪僧回應「如何是加持？」後半部分則由一個二段體構成，這便是遊者向侍者解釋禪僧各

種動作的含意，禪僧向侍者解釋自己各種動作的含意。

除以上作品外，這個時期包含有四段體結構模式的故事，尚有寫鬼夜作鴨聲，王某無所懼，但云「汝自叫吾不管，但勿聒吾耳。」鬼作鵝聲，王笑云「此聲亦不雅。」鬼作天鼓翼聲，王云「吾且熟睡，不聽汝矣！」鬼落床帷覆王身，王云「吾適寒，覆之甚宜。」鬼遂離去的《古今譚概・不畏鬼怪》「王君鑄」以及《精選雅笑・性急》等。

五段體結構模式，在明代民間故事中更為罕見。例如在《賢奕篇・應諧錄・貓號》中，有一個五段體結構模式：一客認為虎不如龍，請主家更「虎貓」名為「龍貓」；一客認為龍須浮雲，請主家更「龍貓」名為「雲貓」；一客認為雲不敵風，請主家更「雲貓」名為「風貓」；一客認為牆足蔽風，請主家更「風貓」名為「牆貓」；一客認為鼠可穴牆，請主家更「牆貓」名為「鼠貓」。

複合式結構模式，其形態為故事中套故事。在明代民間故事中，此種結構模式並不多見。例如：

元延祐間，天水趙源僑寓葛嶺，其側即賈似道舊宅也。日晚徙倚門外，忽有一女子從東而來，綠衣雙環，年可十五六。源注目久之。明日出門，又見如此。幾數度，源戲問之曰：「姐姐家居何處？暮暮來此。」女笑而拜曰：「兒家與君為鄰，君自不識爾。」源試挑之，女子欣然而應，遂留宿焉。

明旦辭去，夜則復來，如此月餘。問其居止、姓名，女子終不告，但曰：「兒常衣綠，但呼我為綠衣人可矣。」源一夕被酒戲之曰：「綠兮衣兮，綠衣黃裳。」女子有慚色，數夕不至。及再來，源叩之，乃曰：「本欲與郎君偕老，奈何以婢妾待之。然君已知之矣，不敢復隱。」源問其故，女慘然曰：「得無難乎，兒實非今世人，亦非有禍於君者，但冥數當然耳。」

源大驚曰：「願聞其詳。」女子曰：「兒故宋平章秋壑之侍女也。本臨安良家子，少善弈棋，年十五以棋童入侍。每秋壑回朝宴，坐半閒堂，必召兒侍弈，備見寵愛。是時君為其家蒼頭，職主煎茶。每因供進茶甌得至後堂。君時年少美姿容，兒見而慕之。嘗

以繡羅錢篋乘暗投君，君亦以玳瑁指盒為贈。彼此雖各有意，內外嚴密，莫得其便。後為同輩所覺，讒於秋壑。遂與君同賜死於斷橋之下。君今已再世為人，而兒猶在鬼錄，得非命歟！」言訖，嗚咽泣下。源亦為之動容。久之，乃曰：「審如此則君與我乃再世因緣也，當更加親愛以償疇昔。」因曰：「汝之精氣能久存於世耶？」女曰：「數至則散矣。」源曰：「何時？」女曰：「三年耳。」

及期，臥病不起，曰：「曩固與君言矣。」面壁而化。源大慟舉衣衾而葬之。感其情，不復娶，役靈隱寺為僧。

《幽怪錄・趙源再世》

這則作品，總體為趙某與女鬼的戀情故事，其中套進一個前世戀情故事，即棋童與侍女相愛而被主家賜死的悲劇故事，成為兩世情愛故事。

第二節　明代的民間故事異文

明代民間故事的採錄者對作品的異文多有關注。而異文被大量錄寫，使作品的民間故事特色得以更充分的展現。這個時期的民間故事異文，主要有兩種存在形式：同一部著作採錄的同一作品的若干異文；不同著作採錄的同一作品的若干異文。而在上述兩種異文存在形式中，又各有兩種不同的情況，茲分述如下。

一、同一部著作採錄的同一作品的異文

明代的此類民間故事異文，因其採錄者的不同又可分為同一採錄者所錄寫的同一作品的若干異文和不同採錄者所錄寫的同一作品的若干異文兩類。

（一）同一採錄者所錄寫的同一作品的異文

這個時期，同一個採錄者所採錄的同一作品的異文，數量不多。比如：

昔有一人家，養一八哥，放在鼓邊。其家每日傭工者歸家來，

以鼓為號。一日之間，不覺八哥跳在鼓上，跳得響。只見傭工者皆紛紛然歸來。主人隨而問曰：「你眾人往日回來，我以鼓為號，如何今日尚未曾打動一下鼓，如何就回？」傭工曰：「因鼓響方回。」主人去看，見一八哥在鼓上跳，怒罵曰：「你這死鳥，也來盤鼓。」

《笑海千金・笑人談舌》「以鼓為號」（一）

一富家傭工人眾，每遇伏熱收割，每日吃飯，打鼓為號。抬鼓放在山棗樹下。不覺山棗落下，打得鼓響，眾工回家吃飯，主人詢問其故。再看只見山棗落在鼓上，怒罵曰：「面上膿水未乾，也來此處剝鼓。」

《笑海千金・笑人談舌》「以鼓為號」（二）

《笑海千金》中有關「以鼓為號」的兩則異文，共同之處在於：事先約定，傭工收工以打鼓為號。因故鼓響，乃收工。不同之處在於；一為八哥跳在鼓上引起誤會，一為山棗落在鼓上引起誤會。又如：

有一新官上任，一名里長要百隻狗交官；買了九十九隻，少了一隻，無有買處，計將一隻羊鋸去其角，撞入狗內交官。官見羊嘴連動一動，問曰：「這只狗如何嘴動？」里長答曰：「此狗正在嚼蛆。」

《笑海千金・笑人談舌》，「新官上任」（一）

有一新官上任，每名里長要一百擔大糞交官；有了九十九擔，只少一擔，即將莧菜煮去紅水，湊成一擔同交。官見曰：「此糞如何這等紅？」里長答曰：「肚裡無糞，都是努出的血來。」

《笑海千金・笑人談舌》，「新官上任」（二）

《笑海千金》中有關「新官與里長」的兩則異文，共同之處在於：新官命里長交百件物品，因缺一件，乃以他物代替。官覺有異，被里長搪塞過去。不同之處在於所交之物與代替之物各異：一為以羊代狗，一為以莧菜水代大糞。

除以上作品外，這個時期同一採錄者所錄寫的同一作品的不同異文，尚有《時尚笑談・看戲》與〈又〉等。

（二）不同採錄者所錄寫的同一作品的異文

這個時期，不同採錄者所採錄的同一作品的異文，數量不多。比如：

> 偶憶一關吏治夜禁甚嚴，犯者必重撻無赦。苟無犯者，輒謂邏卒賄脫，撻邏卒無赦。居民畏其撻，莫敢犯。一日未晡時，邏卒巡市中，見一跛者，執之。跛者曰：「何故執我？」邏卒曰：「爾犯夜禁。」跛者指日曰：「此才晡時，何云夜？又何云犯夜？」卒曰：「似爾這般且行且憩息，計算過城門時，非一更不可。豈非犯夜？」跛者語塞，與俱赴關吏。關吏果逆其必犯夜也，而重撻之。
>
> 《雪濤小說・深文》，「撻跛者」

> 或云：一鄉民去城三十里，薄暮出城，邏卒以犯夜執之。民曰：「未暮，何執？」卒曰：「計爾抵家時，夜且深矣。其恃遠犯禁，尤甚於夜行。」官重賞，以卒為能，而罰治鄉民如所禁。
>
> 《雪濤小說・深文》，「罰鄉民」

這兩則有關「如此夜禁」的異文，前者為作者江盈科錄寫，後者為潘之恒增補。其共同之處在於：被吏卒懲罰者係估計可能犯禁者而非真正犯禁者；不同之處在於：所謂犯禁者，一為城中跛子，「理由」是走得慢；一為鄉民，「理由」是路程遠。

二、不同著作採錄的同一作品的異文

明代的此類民間故事異文，因其採錄者的不同又可分為同一採錄者的不同著作所錄寫的同一作品的若干異文和不同採錄者的不同著作所錄寫的同一作品的若干異文兩類。

（一）同一採錄者的不同著作所錄寫的同一作品的異文

這個時期，同一採錄者的不同著作所錄寫的同一作品的異文，數量較多。比如：江盈科錄寫的兩則異文：

> 楚中一孝廉善營殖，數用勢籠其鄉人。一日鬻鄉人田，受契良久，不與值。即與之，輒以敗繒、惡器、牛馬齒長者抵值，而昂其價。鄉人不平，出淬語詈之，孝廉乃訴於官，以為辱己。及署門，將入對簿，鄉人度官司必且笞己，恚恨甚，乃伏地以口含糞，唾孝廉面，耳目鼻口皆糞也。俄而他孝廉聞之，曹起恨鄉人，欲並力攻之，一縉紳偶至，微言解之曰：「諸公於此無甚怒鄉人，當更自反。」孝廉皆曰：「何也？」縉紳曰：「爾但知士夫的面是面，不念小民的口也是口。夫彼口含糞穢，豈不自念其口？然而至此者，誰迫之也？」諸孝廉服其言，皆解散去，不復相助。鄉人聞縉紳語，亦自悔輸罪，事遂旋解。
> 　　　　　　　　　　　　　　　　　《雪濤小說‧戒吞產》，「唾孝廉」

> 黃郡一孝廉買民田，收其旁瘠者，遺其中腴者，欲令他日賤售耳。乃其民將腴田他售，孝廉鳴之官，將對簿。其民度不能勝，以口銜穢，唾孝廉面。他孝廉群起欲共攻之。時鄉紳汪某解之曰：「若等但知孝廉面是面，不知百姓口也是口。」諸孝廉皆灰心散去。鄉紳此語，足令強者反己，殊為可傳。
> 　　　　　　　　　　　　　　　　　　　　《雪濤諧史》，「唾孝廉」

這兩則故事，內容大致相同，但繁簡不同，但細節描寫有出入。例如孝廉買民田之事，兩則有明顯差別。此外，故事發生地、鄉紳勸解的話語等亦有出入。

又如，江盈科錄寫的另外兩則作品：

> 蜀熊翰林名敦樸，辛未進士，京察改別駕，入辭江陵張相國。相國為熊座主，乃曰：「此後好生守官，我衙門人痛癢相關，宜自

勗。」熊答曰：「不然。醫書有云：『通則不痛，痛則不通。』」張發笑不自制。

《雪濤小說‧善謔》，「痛癢相關」

熊敦樸，號陸海，蜀人。辛未進士，選館，改兵部，復左遷別駕，往辭江陵相公，相公曰：「公是我衙門內官，痛癢相關，此後仕途宜著意。」陸海曰：「老師恐未見痛。」江陵曰：「何以知之？」陸海曰：「王叔和《醫訣》說：『得有通則不痛，痛則不通。』」江陵大笑。

《雪濤諧史》，「痛癢相關」

這兩則作品，內容相同，繁簡一致，但故事主角與張相國的對話，有一定的出入。

除以上作品外，這個時期同一採錄者的不同著作所錄寫的同一作品的異文，尚有《枝山前聞‧片言折獄》與《九朝野記‧縣令明察》、《雪濤小說‧善謔》「兄弟互嘲」與《雪濤諧諧史》「兄弟互嘲」、《聞紀‧紀貴徵》「邢寬」與《雪濤諧史》「邢寬」等。

（二）不同採錄者的不同著作所錄寫的同一作品的異文

這個時期不同採錄者的不同著作所錄寫的同一作品的異文，頗為多見。比如，有關「冤魂復仇」的異文：

洞庭賈者葉湘，挾千金以市布，買一舟行至澱山湖。日就暝，舟人利其有也，酌以酒，且紿之曰：「前此則近賊巢，不若是地艤舟之為安也。」湘然之，方就枕而操戈者突至。湘授首，遂沉其屍於湖中而人不知也。

家人以湘未歸，諏諸卜者，得兇兆。尋即其所往而求之。見有盪槳者悠悠然出蘆葦中，從而問曰：「若見湖中莩[31]乎？」則曰：

[31] 莩（piǎo 瞟）：通「殍」，這裡指屍體。

「有之。」指示而得。蓋湘魄也。第不知謀自何人，置不問。已而京口有操舟者倉皇失措，且自附以神語。有司擒之，勒其實即殺湘者也。移檄檢之，果然，卒抵罪。予友閻起山為作傳以著其事。

《蘋野纂聞・葉湘屍祭》

吳縣民葉湘，業商販。弘治十五年五月間，賃舟之松江宿澱山湖。舟人卜全與弟容利其貲，殺之，並及其僕葉驥，棄屍湖中。湘見夢於母，言死狀及屍所。母驚覺，則湘妻子與家人夢悉同。相向而哭，遂詣其處，果得二屍以歸。一夕其子又夢湘曰：「吾昔賃舟時，慮有他虞，將卜家兩人年甲姓名，寫船埠頭壁上，今渠以我錢埋廁中，銀往松江易麥，載貯楓橋牙家。本府陳能判泊船寒山寺前，明速往告，可擒也。」子醒竊馳視之，錄父手書，尋問陳通判船，果泊寺前。因具訴其故，陳譴人依言蹤跡二兇，獲之，置於法。

《說聽》卷上，〈托夢追兇〉

這兩則故事，內容大同小異。其相同之處在於：故事主角葉湘攜資經商在澱山湖中被舟人殺害，冤魂復仇，使兇手抵罪。不同之處在於：前一則故事乃一人遇害，兇手無姓名。家人問卜得兇兆，冤魂顯靈讓兇手自我暴露，因而伏法。後一則故事乃主僕二人遇害，兇手為卜全、卜容兄弟。冤魂托夢向家人報喪，隨後又托夢捉兇，令其伏法。

又如，有關「殺姘婦」的異文：

洪武中，京城一校尉之妻有美姿，日倚門自炫。有少年眷之，因與目成。日暮，少年入其家，匿之床下。五夜，促其夫入直，行不二三步，復還。以衣覆其妻，擁塞得所而去。少年聞之，既與狎，且問云：「汝夫愛汝若是乎？」婦言其夫平昔相愛之詳。明發別去，復以暮期。及期，少年挾利刃以入，一接後，絕婦吭而去。家人莫知其故，報其夫。歸乃摭拾素有仇者一二人訟於官。一人不勝鍛煉，輒自誣服。少年不忍其冤，自首伏罪云：「吾見其夫篤愛若是，而此婦忍負之，是以殺之。」法司具狀上請。上云：「能殺

不義，此義人也。」遂赦之。

《菽園雜記》卷三，「校尉妻」

　　正統初年，北京東角頭有馬姓者，通其里婦某。遇婦之夫自外歸，馬潛隙以伺。至五鼓，夫起有他出，以天寒，不欲其婦同起，且為之覆被，按撫極其周至，然後去。馬窺視之甚審，因念其夫之篤愛如此，而其婦乃反疏外通於人，甚為之不平，入廚中取刀殺其婦而去。後以夫殺死，坐其夫棄市。馬遂陳其見殺之由曰：「是某殺之也。」監刑者止其事，遂皆釋之。

《病逸漫記》，「通者殺姦婦」

　　國初某校尉素通戍卒之妻，一日尉與妻臥，卒偶歸，尉避之門內，妻曰：「爾何為歸？」答曰：「我憐爾寒，為爾整被。」言訖復去。尉忿然謂卒妻曰：「爾夫憐爾，爾反憐我，不義孰甚？」遂殺之，釋刀而去。比明，有賣菜老傭入其室，見屍血淋漓，驚跳而出。鄰人執之，傭不能辯，遂誣服罪。後至臨決，尉乃出首前故，而自祈死，太祖並釋之。

《雪濤小說‧慎獄》，「某校尉殺姦婦」

　　洪武中，京師有校尉與鄰婦通。一晨，校瞰夫出，即入門登床。夫復歸，校伏床下。婦問夫曰：「何故復回？」夫曰：「見天寒思爾冷，來添被耳。」乃加覆而去。校忽念彼愛妻至此，乃忍負之，即取佩刀殺婦而去。有賣菜翁常供蔬婦家，至是入門，見無人即出。鄰人執以聞官。翁不能明，誣伏。獄成，將棄市，校出呼曰：「某人妻是我殺之，奈何要他人償命乎！」遂白監決者，欲面奏。監者引見，校奏曰：「此婦實與臣通。其日臣聞其夫語云云，因念此婦忍負其夫，臣在床下一時義氣發作，就殺之。臣不敢欺，願賜臣死。」上歎曰：「殺一不義，生一無辜，為嘉也。」即釋之。

《鳳凰台記事》，「殺姦婦」[32]

---

[32] 見《說郛續》卷二十一（《說郛三種》第九冊）。

這四則故事，內容大同小異，除繁簡略有不同外，主要的區別在於：故事發生年代不同，姘夫與姘婦稍有差異，姘夫自首的因由有出入，姘夫被釋放的情況亦有出入。

再如，有關「取耳屑」的異文：

> 一待詔為人取耳，其人痛極。問曰：「那一隻還要取否？」答曰：「自然要取。」其人曰：「我只道那邊的耳屑也在這邊取出來了。」

《時興笑話》卷下，〈耳痛〉

> 篦工取耳太重，其人痛甚，漸以耳遠之。工以手隨而愈進。問：「取那一隻否？」工曰：「完此只，即取那只。」其人曰：「我只道就在裡邊取過去了。」

《精選雅笑・取耳》

這兩則故事，內容相同，都以挖耳欲穿來嘲訕理髮師挖耳的手藝極差。但表述有所不同，後一則故事的描寫與對話更為生動。

除以上作品外，這個時期不同採錄者的不同著作所採寫的同一作品的異文，尚有有關「拜梁澤」的《庚巳編》卷九〈梁澤〉、《聞紀・紀妖幻》「三怪跪拜」；有關「神丹救命」的《庚巳編》卷六〈神丹〉、《高坡異纂》卷上〈神丹〉；有關「相疑為鬼」的《賢博編・相疑為鬼》、無名氏撰《續笑林》「相疑為鬼」；有關「拾金誤」的《權子・拾金》、《賢弈編・應諧錄・牧豎拾金》；有關「問行人」的《權子・志學》「慕道學者」、《笑府・新絹裙》；有關「捨得與吃得」的《解慍編》卷五〈七德雞〉、《雪濤諧史》「雞有六德」；有關「禁蚊符」的《解慍編》卷四〈書符驅蚊〉、《時尚笑談・禁蚊子》、《精選雅笑・蚊符》；有關「欠二梁（量）」的《解慍編》卷十一〈欠二梁〉、〈雅謔・兩條梁〉；有關「說大話」的《時尚笑談・說大話》、《笑府・說大話》等。

第三節　明代的民間故事講述人

明代收錄民間故事的著作數量甚多，但是記載民間故事講述人的著作，數量遠不如宋元時期多，而且在記載民間故事講述人方面比較突出的著作也遠不如宋元時期多。這個時期，記載民間故事講述人的著作，僅有《菽園雜記》、《青溪暇筆》、《戒庵老人漫筆》、《庚巳編》、《說聽》、《賢博編》、《快雪堂漫錄》、《甲乙剩言》、《耳談》、《客座贅語》、《耳新》、《棗林雜俎》等十數種。其中，比較突出的只有《庚巳編》一書。

《庚巳編》共十卷，收有奇聞異事一百八九十則，多數為幻想故事。其中記有講述人的故事一百餘則，占全書作品的五分之三左右。書中的講述人近六十位，既有官吏（參政、通判、知縣、訓導、百戶、道官）、秀才、醫士、商賈、僧人、道士，又有採錄者的親屬（父親、兄弟）、親戚（外舅、姨夫、姨兄、姊夫、妻兄）。在這些講述人中，有十多位比較值得關注。

吳用，所講的故事有〈楚巫〉、〈楊寬〉、〈雀報〉、〈于梓人〉、〈方卯獼猴〉等五則。

張訓導，陝西乾州人，所講的故事有〈昭陵銀兔〉、〈梁澤〉、〈黑廝〉、〈蠍魔〉等四則，無不與陝西相關。

姨兄徐來風，所講的故事有〈雞精〉、〈如公〉、《沈鎧》、《雄雞卵》等四則。

盛壅，所講的故事有〈臨江狐〉、〈柴驛丞〉、〈羅江神祠〉、〈戚編修〉等四則。

家君，所講的故事有〈守銀犬〉、〈村民遇土地〉、〈王主簿〉等三則。

弟陸子遠，所講的故事有〈鸚鵡山茶〉、〈黃村匠人〉、〈吳恂〉等三則。另外，〈錢蛇〉（熊存向子遠講述）、〈誠意伯〉（顧梗向子遠講述）、〈唐玘〉（唐玘向子遠講述）等三則亦與他相關。

惠陽，江蘇陽山人，所講故事有〈神船〉、〈鬼還家〉、〈牛償負錢〉等三則，無不與江蘇有關。

鄧愷，所講故事有〈妊產蛇〉、〈張道士〉、〈尤公遠〉等三則。

徐元錄，所講故事有〈還金童子〉、〈古銅鴨盆〉、〈戶婚親中司〉等三則。

金華嚴知縣，所講故事有〈金華二士〉、〈胥教授〉等二則。

魯百戶，所講故事有〈穀亭狐〉、〈真武顯應〉等二則。

除《庚巳編》外，明代其他著作對民間故事講述人的記載都相當少，只是偶有所記。茲舉數例以見一斑。

《菽園雜記》共十五卷，僅三、四、五、六、七、八、十、十一、十二、十五諸卷偶有講述人的記載。涉及的作品僅有二十則，講述人十七位，大多為官吏（如都指揮使、按察史、都御史、進士、縣尹、縣丞、訓導、司務），不少為採錄者的同僚。卷三「新娘上空」講述人為「寮友孫司務讜，徐州蕭縣人」。卷四「諸葛景與李知府婿」，「二事聞之同年蔣禦史宗誼。諸葛蓋宗誼之父執，李則為其推官時舊長官也，故言之皆詳。」卷七「蝦蟆妖」，講述人為「同寮吳味道處之，遂昌人」。卷十一「魚台古塚」，「浙江督漕張都指揮洪嘗買其石撽二板，素聞其事。」卷十二「無頭魚」，「予宿雁蕩，聞之一老僧云。」

《客座贅語》共十卷，僅一、三、六、七、八諸卷偶有講述人的記載。涉及的作品十一則，講述人九位。其中，張韞甫講述的故事共三則，即卷三的〈猿妖〉，卷七的〈水異〉與〈蜘蛛〉。

《棗林雜俎》共六集，大綱十八，子目一千三百多條。其中僅聖、義、中、和四集偶有講述人的記載，涉及的作品僅有十六則，講述人十四位。其中，錢御冷相國講述的故事二則，即聖集《高拱知人》「得一督撫」與《張居正急才》「君臣將相，遇合之難」，張薇山講述的故事二則，即聖集《張居正急才》「選督學」與中集《龍》「劉村劉氏」。

第十章　明代的民間故事編選

　　中國古代通俗文學的創作與編選，到了明代進入一個十分活躍的時期，成績卓著。與其密切相關的民間故事編選活動，也非常興旺發達。這個時期，不但湧現了一大批包含大量民間傳說、故事的文學作品集和笑話故事集，而且出現了一些有影響的民間故事編選家，其傑出的代表人物是馮夢龍。這個時期編選的以民間傳說、故事為主體的文學作品集，大都具有鮮明的個性，專門化的特點比較突出。譬如，以談虎事為內容的傳說、故事集《虎苑》，以展示各種智慧為內容的傳說、軼事集《智囊補》，以描述各種愛情生活為內容的傳說、故事集《情史》。此類作品集深愛民眾喜愛，流布甚廣，大多至今仍然具有較強的生命力。這一大批以民間傳說、故事為主體的文學作品集、笑話故事集，在傳播民間故事和保存民間故事方面，作用甚大。它們的湧現，亦為清代民間故事編選事業的大發展，打下了堅實的基礎。

第一節　馮夢龍編選的故事集

　　明代文學家馮夢龍（1574-1646），字猶龍，一字子猶，又字耳猶，別號龍子猶、墨憨齋主人、顧曲散人、茂苑野史等，化名別署甚多。長洲（今江蘇蘇州）人。在小說、戲曲、通俗文學、民間文學諸多方面皆成績斐然。在民間文學方面，他除輯行民歌集《掛枝兒》、《山歌》外，尚編纂有包含大量民間傳說、故事的筆記小說集《古今譚概》、《智囊補》、《情史》和笑話、故事集《笑府》、《廣笑府》、《笑林》、《雅謔》等，對於保存和傳播民間故事卓有貢獻。而他在編選民間文學作品，包括編選民間故事、民歌方面的巨大貢獻，無疑同晚明時期文壇上對於通俗文學與民間文學頗為重視，出版行業比較發達的大環境密切相關。

一、《古今譚概》與《智囊補》

（一）《古今譚概》

《古今譚概》，又名《談概》、《古今笑》、《古今笑史》，是一部以幽默諷刺故事為主體的筆記小說集，成書於萬曆四十八年（1620），分為迂腐、怪誕、癡絕、專愚、謬誤、無術、不韻、汰侈、貪穢、鷙忍、儇弄、談資等三十六部，每部為一卷。除最後的靈跡、荒唐、妖異、非族等幾部外，內容大都為針砭時弊，諷刺陋習痼疾，嘲諷人世醜態。此書選錄先秦至明代的各種正史、野史、筆記、笑話集等匯輯而成，引用的書目在百種以上，明代以前的典籍有：《墨子》、《荀子》、《晏子春秋》、《韓非子》、《呂氏春秋》、《左傳》、《列子》、《山海經》、《神異經》、《說苑》、《趙后外傳》、《漢書》、《白虎通義》、《風俗通義》、《抱朴子》、《三輔決錄》、《魏志》、《博物志》、《搜神記》、《神異記》、《靈鬼志》、《世說新語》、《異苑》、《金樓子》、《妒記》、《述異記》、《顏氏家訓》、《啟顏錄》、《朝野僉載》、《北齊書》、《北史》、《南史》、《藝文類聚》、《廣異記》、《法苑珠林》、《玄怪錄》、《博異記》、《交趾物異志》、《諧噱錄》、《酉陽雜俎》、《乾饌子》、《河東記》、《宣室志》、《續仙傳》、《志怪錄》、《三水小牘》、《松窗雜錄》、《唐闕史》、《詩林廣記》、《隋書》、《天寶實錄》、《雲溪友議》、《雲仙散錄》、《芝田錄》、《南楚新聞》、《玉堂閒話》、《北夢瑣言》、《清異錄》、《百緣經》、《道書》、《太平廣記》、《南部新書》、《鄰幾雜誌》、《唐書》、《新五代史》、《歸田錄》、《玉壺清話》、《冷齋夜話》、《唐宋遺史》、《塵史》、《東坡志林》、《艾子雜說》、《遁齋閑覽》、《墨客揮犀》、《幸蜀記》、《文昌雜錄》、《事實類苑》、《北窗炙輠錄》、《博物志補》、《軒渠錄》、《清波雜誌》、《夷堅志》、《老學庵筆記》、《貴耳集》、《桯史》、《鶴林玉露》、《東皋雜錄》、《明皇世說》、《雪溪紀聞》、《癸辛雜識》、《王氏聞見錄》、《胡海搜奇》、《嶺南志》、《行都紀事》、《拊

掌錄》、《山居新語》、《稗史》、《西堂紀聞》、《輟耕錄》等；明代的典籍有《宋書》、《雙槐歲抄》、《菽園雜記》、《猥談》、《七修類稿》、《馬氏日抄》、《丹鉛要錄》、《煙霞小說》、《戒庵老人漫筆》、《迁仙別記》、《古今說海》、《觚不觚錄》、《應諧錄》、《諧史》、《朝野異聞》、《涇林續記》、《耳談》、《五雜俎》、《獪園》、《蘇州府志》、《琅琊漫抄》、《謔浪》、《諧藪》、《笑林》、《續笑林》等。

《古今譚概》中的一些民間傳說、故事，已難以查到出處，很可能係馮氏自己採錄的，諸如謬誤部第五〈婆奸媳〉、〈羅長官〉，貧儉部第十三〈吝禍〉，貪穢部第十五〈偷鞋刺史〉、〈壯觀、牧愛〉，口碑部第三十一〈楊太守、劉知縣〉，靈跡部第三十二〈幻戲〉，妖異部第三十四〈鬼張〉，雜誌部第三十六〈張生失金〉等。有一些民間傳說、故事，雖有出處，但原書已失傳，而賴此書得以存世，諸如怪誕部第二〈刺眉〉與無術部第六〈邑丞通文〉，皆出〔明〕佚名撰《笑林》，已佚；專愚部第四〈迁仙別記〉出〔明〕張夷令輯《迁仙別記》，已佚；專愚部第四〈拙對〉、巧言部第二十八〈醫訣語〉與微詞部第三十〈惜人品〉，皆出〔明〕徐渭撰《諧史》，已佚；謬誤部第五〈鬼誤〉，出〔明〕佚名撰《續笑林》；口碑部第三十一〈梵中二督學〉，出〔明〕佚名撰《諧藪》，已佚。

總之，《古今譚概》徵引宏富，選取精當，編輯匠心獨運，長期以來深受讀者歡迎，在保存民間傳說、故事，促進民間傳說、故事流布方面多有貢獻。

（二）《智囊補》

《智囊補》原名《智囊》，成書於天啟六年（1626），刊行後又作了補充，並且修正部分內容，改題《智囊補》，重刻發行於世。明末清初的刻本，又題作《智囊全集》、《增智囊補》。全書分為上智、明智、察智、膽智、捷智、術智、語智、兵智、閨智、雜智等十部共二十八類，每類為一卷，共二十八卷。

《智囊補》以展示智慧為內容，跟《古今譚概》一樣，作品大都選取自先秦至明代的子史經傳與稗官野史，引用書目在百種以上，所引與《古今譚概》大致相同。並且文字均略有改動。試看：

察智部詰奸卷十〈子產　嚴遵〉，出《韓非子》與《搜神記》。

語知部善言卷二十〈馬圉　中牟令〉，出《晏子春秋》與《新五代史》。

明智部剖疑卷七〈西門豹　宋均〉，出《史記》與《風俗通義》。

察智部得情卷九〈傅琰〉，出《南史》。

察智部詰奸卷十〈裴子雲　趙和〉，出《朝野僉載》與《唐闕史》。

察智部得情卷九〈崔思競〉，出《大唐新語》。

術智部權奇卷十八〈陳子昂〉，出《獨異志》。

上智部遠猶卷二〈下岩院主僧〉，出《秘閣閒談》。

察智部詰奸卷十〈向敏中〉，出《涑水紀聞》。

上智部遠猶卷二〈范仲淹〉，出《邵氏聞見錄》與《鶴林玉露》。

明智部剖疑卷七〈夢虎〉，出《墨莊漫錄》。

上智部迎刃卷四〈韓琦〉，出《名臣言行錄》。

明智部知微卷五〈張忠定〉，出《厚德錄》。

捷智部敏悟卷十五〈拆字謝石〉，出《夷堅志》。

雜智部狡黠卷二十七《乾紅貓》，出《夷堅志》。

語智部善言卷二十〈簡雍〉，出《善謔集》。

雜智部小慧卷二十八〈陳五〉，出《菽園雜記》。

閨智部雄略卷二十六〈新婦處盜〉，出《耳談》。

《智囊補》有一部分作品，與《古今譚概》中的作品相同，其中有一些篇目的文字稍有出入。譬如，《古今譚概》譎智部第二十一中的〈乾紅貓〉、〈一錢誆百金〉等十則，與《智囊補》雜智部狡黠卷二十七中的〈乾紅貓〉、〈一錢誆百金〉等十則相同；《古今譚概》譎智部第二十一中的〈點豎子〉、〈節日門狀〉等十一則，與《智囊補》雜智部小慧卷二十八中的〈點豎子〉、〈節日門狀〉等十一則相同。又如，《古今譚概》微詞部第三十中的〈凌陽臺〉、〈支解人〉，與《智囊補》語智部善言卷二十中的〈凌陽臺〉、〈晏子〉「支解人」相同，文字略有出入。

在《智囊補》中，也有一些民間傳說、故事很可能是馮氏自己採錄的，諸如閨智部雄略卷二十六〈遼陽婦〉，雜智部狡黠卷二十七〈齧耳訟師〉、〈老嫗騙局〉、〈南京道者〉、〈文科〉附錄「假公子」，雜智部小慧卷二十八〈點童子〉、〈謝生〉等。

《智囊補》與《古今譚概》一樣，具有徵引宏富，選取精當，編輯匠心獨運的特點，加之明末已不止一次雕版，清代以來又屢次翻刻，傳播甚廣，影響頗大，在保存民間傳說、故事，促進民間傳說、故事流布方面多有貢獻。

二、《情史》

　　《情史》，一名《情史類略》，又名《情天寶鑒》。全書二十四卷，分為情貞、情緣、情私、情俠、情豪、情愛、情癡、情感、情幻、情靈、情化、情媒、情憾、情仇、情芽、情報、情穢、情累、情疑、情鬼、情妖、情外、情通、情跡等二十四類，每類為一卷，共收各種愛情故事共八百五十八則，其中不少作品思想內容積極、健康，藝術感染力強，膾炙人口，深受讀者歡迎。

　　《情史》中的作品，大都選錄自兩漢至明代的筆記小說和其他著作，經過編者刪改。其引用書目達百種以上，明代以前的典籍有《史記》、《列仙傳》、《列女傳》、《爾雅》、《漢書》、《飛燕外傳》、《洞冥記》、《吳越春秋》、《越絕書》、《列異傳》、《孔叢子》、《搜神記》、《三國志》、《拾遺記》、《神異錄》、《幽明錄》、《後漢書》、《異苑》、《齊諧記》、《述異記》、《金樓子》、《集靈記》、《朝野僉載》、《廣異記》、《法苑珠林》、《通幽記》、《北史》、《南史》、《鶯鶯傳》、《李娃傳》、《柳毅傳》、《周秦行紀》、《續玄怪錄》、《博異志》、《無雙傳》、《酉陽雜俎》、《本事詩》、《抒情詩》、《杜香蘭別傳》、《獨異志》、《會昌解頤》、《逸史》、《瀟湘錄》、《河東記》、《古今廣五行記》、《洞玄本行經》、《傳奇》、《三水小牘》、《雲溪友議》、《妝樓記》、《窮怪錄》、《志怪錄》、《聞奇錄》、《異聞錄》、《大唐奇事》、《盧氏雜說》、《三峽記》、《續定命錄》、《異物志》、《原化記》、《玉溪編事》、《葆光錄》、《開元天寶遺事》、《文昌化書》、《玉堂閒話》、《北夢瑣言》、《雜異記》、《儆戒錄》、《清異錄》、《洛中紀異》、《焚椒錄》、《東皋雜錄》、《王氏聞見錄》、《夷堅志》、《西溪叢語》、《賈子說林》、

《異政錄》、《北窗志異》、《續夷堅志》、《誠齋雜誌》、《青樓集》、《武林聞見錄》、《江湖紀聞》、《筆奩錄》、《稗史》、《成都舊事》等。明代的典籍有《剪燈新話》、《剪燈餘話》、《語怪編》、《涇林雜記》、《西樵野記》、《丹鉛錄》、《說聽》、《遼陽海神傳》、《何氏語林》、《豔異編》、《稗史彙編》、《涇林續記》、《耳談》、《說圃識餘》、《王氏紀聞》、《陳眉公集》、《虎薈》、《獪園》、《續豔異編》、《九籥集》、《寧波志》、《義虎傳》等。

在《情史》中，有一些民間傳說、故事已難以查到出處，很可能是馮氏自己採錄的，諸如卷一情貞類〈吳金童妻〉，卷二情緣類〈王善聰〉、〈吳江錢生〉、〈甲乙書生〉，卷十情靈類〈易萬戶〉，卷十二情媒類〈大別狐〉，卷十四情仇類〈王武功妻〉、〈金山惠明僧〉、〈鉛山婦〉，卷十五情芽類〈智胥〉，卷二十一情妖類〈笤帚精〉、〈箸斛概〉，卷二十三情通類〈虎〉「邱虎嫂」等。

《情史》與《古今譚概》、《智囊補》一樣，具有徵引宏富，選取精當，編輯匠心獨運的特點，是當時以愛情為題材的同類編著中最為突出的一種。它自明末以來，有多種刻本、石印本行世，雖曾遭禁，影響仍然較大，在保存民間傳說、故事，促進民間傳說、故事流布方面，《情史》都發揮了積極的作用。

三、《笑府》、《廣笑府》、《雅謔》和《笑林》

馮夢龍編纂的笑話故事集共有四種。《笑府》題「墨憨齋主人馮夢龍編」，《廣笑府》題「墨憨齋主人馮夢龍纂集」，當無疑義。《雅謔》題「浮白齋主人述」，《笑林》題「浮白主人選」。學界歷來都認為「浮白齋主人」、「浮白主人」可能就是馮夢龍。從兩者所收的作品來看，這個判斷應當說是準確的。

（一）《笑府》

《笑府》在馮夢龍編纂的四種笑話故事集中最有分量，最為突出。此書上下二卷，分為腐流、殊稟、刺俗、形體、方術、謬誤、閨風、雜語等

八類，共一百六十多則。原本十三卷，惜未見。

　　《笑府》所收的作品，大多是明代的優秀笑話故事。其中有不少名篇首見於此書，很可能是馮氏自己採錄的，諸如「奶奶屬牛」「指石為金」、「恍忽」、「酸酒」、「氣球」、「奈何姓萬」、「三婿贊馬」、「大一字」、「請為母狗」、「近視認匾」、「諱輸棋」、「性剛」、「藏鋤」、「咬耳朵」、「廚子匿肉」等。

　　《笑府》中也有一些作品，是根據他書改寫而成的，例如，「合著靴」係據《笑贊》「合買靴」改寫；「不出來」係據《笑贊》「定不出去」改寫；「氊帽」係據《笑贊》「氊帽當扇」改寫。又如，「孔門弟子」係據《啟顏錄》「孔子弟子」改寫，並有添補；「鳳凰壽」係據《解慍編・蝙蝠推奸》改寫；「射虎」係據《客座贅語》「毋刺傷虎皮」改寫；「作祭文」係據《時興笑話・錯死》改寫。再如，「凳腳」係據《阿留傳》「矮榻缺足」改寫；「認鞋」係據《雪濤諧史》「癡夫認鞋」改寫；「冥王訪名醫」係據《雪濤諧史》「昨日才改店」改寫。

（二）《廣笑府》

　　《廣笑府》基本上是由《解慍編》與《笑府》組合而成。其體例、內容皆與《解慍編》一致，而容量則比《解慍編》大一些。《廣笑府》比《解慍解》增加了一百五十則作品，其中出自《笑府》的共一百一十五則，約占增加作品的百分之七十七，分別插入第一、二、三、四、五、六、八、十、十三卷。它們是新增加作品中分量很重，最有光彩的部分。

　　在《廣笑府》新增加的作品中，也有三十五則取自他書。譬如，卷六〈忠則盡命〉據《古今譚概》微詞部第三十〈忠孝奴〉改寫；卷十〈中人〉即《笑林・中人》。另外，《廣笑府》對《解慍編》的作品編排也做了一些調整，《解慍編》卷一〈好古自困〉，《廣笑府》移至卷八；《解慍編》卷一〈毳飯〉、〈晏子使楚〉、〈口中狗寶〉、〈牽船操櫓〉、〈糠秕在前〉、〈竊盜未獲〉、〈牙裨排衙〉、〈傳奇戲語〉、〈禁坐公座〉，《廣笑府》移至卷十；《解慍編》卷九〈癡好水利〉、〈食肉者智〉、〈百錢免牽〉，《廣笑府》移至卷八；《解慍編》卷九〈口善心惡〉、〈一時難過〉、〈養梟搏兔〉、〈販子三變〉，《廣笑府》同卷移

位。另外，《解慍編》卷三〈卜字謎〉、〈誇口〉被刪除。《解慍編》卷三〈口腳相爭〉，被取自《笑府》的〈口腳爭〉取代，置於《廣笑府》卷十，《解慍編》卷九〈緩急偏性〉，被取自《笑府》的〈性緩〉取代，置於《廣笑府》卷八。

（三）《雅謔》

《雅謔》版本不一，明刊《破愁一夕話》本一百三十八則，今據「古今說部叢書」加以整理，共一百四十一則。其中，七十四則取自《古今譚概》，分別取自其第二、三、四、五、六、八、九、十、十一、十八、二十、二十二、二十三、二十四、二十五、二十六、二十七、二十八等十八部，所取以專愚部第四、儇弄部第二十二、酬嘲部第二十四、文戲部第二十七、巧言部第二十八居多。

《雅謔》取自《古今譚概》的作品，多數原文選錄，也有部分作品有不同程度的變化。有的係拆分而成，比如〈侍郎謔〉與〈駙驢侍狗〉由《古今譚概》酬嘲部第二十四〈侍郎謔〉拆分而成，又如，〈偷帽〉、〈止母念佛〉、〈牛何之〉，由《古今譚概》儇弄部第二十二〈翟永齡〉拆分而成。有的則係合二為一者，比如〈石學士〉由《古今譚概》佻達部第十一〈豪飲〉的部分情節與《古今譚概》稚浪部第二十六〈石學士〉合併而成。有的作品，文字有某些刪改，比如〈誤語〉、〈背後眼〉、〈僧哥〉、〈方相佺〉。有的作品，題目有所變動，比如〈農水〉，《古今譚概》作〈宣水〉，又如〈藥名〉，《古今譚概》作〈蘇子瞻姜制之〉。有的作品，題目有所變動，文字亦有某些刪改，比如〈園外狼〉，《古今譚概》作〈石員外〉，文字有改動；又如〈大小姨〉，《古今譚概》作〈原父酬歐公〉，文字有刪改。

《雅謔》另有一些作品取自他書，譬如，〈不死酒〉出自《漢武故事》，〈鄰僧夜話〉出自《遁齋閑覽》，〈慚惶〉出自《東皋雜錄》，〈千字文解元〉與〈不知音〉出自《雪濤諧史》。

（四）《笑林》

《笑林》共一百四十五則，今存明刊《破愁一夕話》本。《笑林》裡

面的二三十則作品同時保存在《笑府》中，諸如〈看鏡〉、〈戴笠斗〉、〈問令尊〉、〈不請客〉、〈鹹豆〉、〈合種田〉、〈不留客〉、〈屬犬〉、〈豆腐〉、〈借茶葉〉等。還有一些作品既見諸《笑府》、又見諸《廣笑府》，比如〈堵子〉、〈頌屁〉、〈糟餅〉、〈搶婚〉、〈才人〉、〈撒半價〉。另有個別作品出自他書，比如〈裁縫〉出自《雪濤諧史》，〈讀別字〉出自《解慍編》，〈猴〉出自《時興笑話》。

《笑林》的大部分作品並不見於他書，很可能是馮氏自己採錄的，諸如〈借牛〉、〈考〉、〈青盲〉、〈求籤〉、〈道學相罵〉、〈扛〉、〈蝦〉、〈待詔剃頭〉、〈叉袋〉、〈駱駝蹄〉、〈鞋襪訟〉、〈慣撞席〉、〈吃素〉、〈淡酒〉等。如果說《雅謔》中的作品往往帶有一定傳說色彩的話，《笑林》中的作品幾乎都不帶傳說色彩，大多是生活氣息濃厚、詼諧風趣的民間笑話故事。上述不見於他書的作品，有不少藝術水平較高，堪稱明代民間笑話的具有代表性的作品。

馮夢龍編纂的包含大量民間傳說、故事的筆記小說集、笑話故事集，具有以下特點：

1，馮夢龍在編纂過程中，查閱了大量的相關典籍、文獻，搜羅宏豐，格外關注民間傳說、故事方面的資料，在選材上下了很大的工夫。

2，他的這些集子，均為專題作品集，大多特點突出，構思別具匠心，頗為引人注目，在中國民間故事發展史上佔有一定的地位。其中，有的具有開創性，如《古今譚概》、《智囊補》、《情史》；有的雖然不具有開創性，但是在總體上卻超越前人，影響頗大，這便是《笑府》、《廣笑府》、《笑林》、《雅謔》。

3，他編纂的這些集子，資料價值和欣賞價值較高，對後世不斷產生影響，至今仍然具有生命力。

總之，馮夢龍編纂的這些集子，在保存和傳播民間傳說、故事方面的成就和貢獻相當突出。但馮夢龍的這些成就，往往被他在小說創作、戲曲整理等方面的成就所掩蓋，長期以來沒有得到應有的重視和充分的肯定。這無疑是應當得到改變的。

第二節　明代與民間故事有關的其他編著

明代與民間故事有關的編著十分突出。除了馮夢龍編纂的故事集外，明代還有許多與民間故事有關的編著，其數量之大，不但超過明代以前的各個時期，而且也為清代所不及。明代與民間故事有關的其他編著，主要有三大類：與民間故事有關的叢書；二，與民間故事有關的綜合性筆記小說集；三，與民間故事有關的專題性筆記小說集。

一、明代與民間故事有關的叢書

明代與民間故事有關的叢書，規模都相當大，主要有范欽輯《煙霞小說》、陸楫編纂《古今說海》、商濬編《稗海》、王兆雲撰《王氏雜記》、陳繼儒編纂《寶顏堂秘笈》、黃昌齡編纂《稗乘》、陶珽編《說郛續》、何偉然等編纂《廣快書》等。其中，比較有代表性的是《古今說海》。

《古今說海》的編纂者陸楫，字思豫，明嘉靖間上海人。著有《蒹葭堂雜著》等。《古今說海》一百四十二卷，分為四部七家：一，說選部，包括小錄家三卷，偏記家十七卷；二，說淵部，包括別傳家六十四卷；三，說略部，包括雜記家三十二卷；四，說纂部，包括逸事家六卷，散錄家六卷，雜纂家十一卷。該叢書對所收錄之書，每種各自為帖，而略有刪節。其中，收了不少民間故事，或者載有民間故事的筆記小說。譬如，說淵部的《板橋記》、《中山狼傳》、《白蛇記》、《求心錄》、《山莊夜怪錄》；說略部的《宣政雜錄》、《續墨客揮犀》、《聞見雜錄》、《諧史》、《昨夢錄》、《談藪》、《清尊錄》、《睽車志》、《錢氏私志》、《高齋漫錄》、《拊掌錄》；說纂部的《行營雜錄》、《養痾漫筆》等。該叢書在保存和傳播民間故事方面，有一定的貢獻。

二、明代與民間故事有關的綜合性筆記小說集

明代與民間故事有關的綜合性筆記小說集，規模也比較大，主要有郎

瑛撰《七修類稿》、施顯卿編纂《古今奇聞類記》、張時徹編纂《芝園外集》、王圻編纂《稗史彙編》、陳邦俊編纂《廣諧史》、張鼎思撰《琅玡代醉編》、郭良翰編《問奇類林》、謝肇淛撰《五雜組》、倪綰編《群談采餘》、姚旅撰《露書》、徐應秋撰《玉芝堂談薈》、鄭暄編纂《昨非庵日纂》等。比較有代表性的是《稗史彙編》與《玉芝堂談薈》。

（一）《稗史彙編》

《稗史彙編》一百七十五卷，分為「天文」、「時令」、「地理」、「人物」、「倫敘」、「伎術」、「方外」、「國憲」、「職官」、「仕進」、「人事」、「文史」、「詩話」、「飲食」、「衣服」、「祠祭」、「器用」、「珍室」、「音樂」、「禽獸」、「禍福」、「志異」等二十八門，列三百二十類。譬如，方外門列道釋總論類、道教類、仙類、女仙類、方士類、脩真類、釋教雜紀類、釋教總論類、釋類、神僧類、詩僧類、奸僧類、比丘尼類；人事門列遭逢類、感慨類、恩幸類、品騭類、家范類、修持類、箴規類、識鑒類、褊戾類、汰侈類、儉嗇類、報施類、稱謂類、忌諱類、尤悔類、評詆類、假譎類、仇怨類、傾險類、攝生類、疾疾類、醫療類、哀逝類、自新類、言語類、宴會類、遊覽類、俳調類、矜炫類、簡傲類、惑溺類、謬誤類；祠祭門列郊禘類、從祀類、祈禳類、祀神類、百神類、鬼物類、巫覡類；珍寶門列珠玉類、寶器類、金銀類。

《稗史彙編》中保存了許多民間傳說、故事資料，譬如，方外門道教類的〈老父賣藥〉，仙類的〈三老語年〉、〈天臺二女〉、〈石溪李仙〉、〈周爛頭〉、〈錢寶遇仙〉，女仙類的〈董永妻〉，釋教雜紀類的〈骨中如來〉、〈六祖道場〉、〈拙生感神〉，奸僧類的〈奸髡〉、〈南京奸僧〉、〈徐州村寺僧〉、〈鹿苑寺僧〉、〈野僧縛婦〉，比丘尼類的〈尼寺之禍〉、〈尼奸〉等。又如，祠祭門百神類的〈屈原〉、〈橋成神助〉、〈豬母佛〉、〈鮑君〉、〈著餌石人〉、〈戲神就疾〉、〈天妃救厄〉，鬼物類的〈鬼狀〉、〈鬼妾生子〉、〈鬼〉、〈伏屍作祟〉、〈鬼代試卷〉、〈放生見錄〉、〈髑髏怪〉、〈死妾乳子〉、〈異鬼〉、〈鬼不足畏〉、〈冤鬼〉、〈鬼婚〉，巫覡類的〈投巫〉、〈巫祝殺人〉等。此書所收條目，雖然有一些標明出處者，但大多數則未標出處，不能不說是一個缺憾。

（二）《玉芝堂談薈》

《玉芝堂談薈》的編纂者徐應秋，字君義，號雲林，浙江西安人。萬曆進士，官至福建左布政史。著有《玉芝堂談薈》、《駢字憑霄》等。《玉芝堂談薈》三十六卷，大多取材於史傳、小說、雜記，涉及各種軼事舊聞，掌故名物等。該書每一卷均立有若干標題，有不少標題廣泛徵引諸書以證之，資料頗為豐富。諸如卷九〈水晶屏上美人〉收有《聞奇錄》「面工」、《小說》「真真」、《輟耕錄》「鬼室」、《開元天寶遺事》「水晶屏上美人氣」、《酉陽雜俎》「畫上婦人」、《夷堅志》「回娘」等。卷十四〈假屍復生〉收有《宦遊紀聞》「朱進馬復生」、《耳談》「借屍還魂」、《酉陽雜俎》「李簡復生」、《志怪錄》「道士救人」等。卷二十一〈寒食斷火〉收有《新論》「冬不火食」、《鄴中記》「並州冬俗」、《後漢書》「龍忌之禁」、《琴操》「五月五日不舉火」、《十六國春秋》「石勒令復寒食」、《朝野僉載》「介於推妹」、《通事》「三月九日為寒食」等。卷二十四〈龍母墳〉收有《集異志》「產龍子」、《測幽記》「龍母墓」、《名勝志》「容縣龍母墳」、《道家雜記》「張魯女」、《郡國志》「李龍宅」、《括異志》「龍母塚」等。此書保存了不少民間故事資料，對於促進民間故事的傳播頗有裨益。

三、明代與民間故事有關的專題性筆記小說集

明代與民間故事有關的專題性筆記小說集，內容各不相同，範圍大小不一。諧謔類有陳禹謨編纂《廣滑稽》、郁履行輯《謔浪》、許自昌撰《捧腹編》、李開先編《詞謔》、陳眉公輯《時興笑話》、醉月子輯《精選雅笑》、佚名撰《笑海千金》、佚名撰《時尚笑談》等。仙佛類有洪應明編纂《仙佛奇蹤》、楊爾曾輯《仙媛紀事》等。婦女類有王世貞編《豔異編》等。智謀類有孫能傳撰《益智編》等。動物類有黃省曾撰《獸經》、王稚登撰《虎苑》、陳繼儒撰《虎薈》、李翰撰《名馬記》等。以動物類中有關虎的專題性筆記小說集為例，《虎苑》二卷，專門彙集古

書中及人間所聞虎事而成。全書分為「德政」、「孝感」、「貞符」、「占候」、「戴義」、「殛暴」、「威猛」、「靈怪」、「豢擾」、「搏射」、「神攝」、「人化」、「旁喻」、「雜誌」等十四類，包含許多有關老虎的奇聞軼事，頗為精彩。像德政類的「夢虎破案」，孝感類的「姊救弟」，戴義類的「長興邸嫗」，殛暴類的「猛虎除兇」、「黑虎噬木客」，靈怪類的「虎伥為害」、「張四鬥虎」，搏射類的「虎枕」、「張竭忠」、「月夜趲虎」，神攝類的「攝虎肩輿」，人化類的「太守化虎食群民」、「趙妻化虎」，雜誌類的「母雞飛撲虎眼」、「虎媒」等，都有一定的代表性。《虎薈》六卷，系仿《虎苑》而成的一部涉及虎事專集。該書有一小部分故事與《虎薈》相同，其他部分為虎精為祟、惡人化虎、人虎婚戀一類故事，大多具有一定的欣賞價值和積極意義。

語言文學類　PG0639

中國民間故事史
——明代篇

作　　者 / 祁連休
責任編輯 / 鄭伊庭、孫偉迪
圖文排版 / 陳宛鈴
封面設計 / 王嵩賀

發 行 人 / 宋政坤
法律顧問 / 毛國樑　律師
出版發行 / 秀威資訊科技股份有限公司
　　　　　114台北市內湖區瑞光路76巷65號1樓
　　　　　電話：+886-2-2796-3638　傳真：+886-2-2796-1377
　　　　　http://www.showwe.com.tw
劃撥帳號 / 19563868　戶名：秀威資訊科技股份有限公司
　　　　　讀者服務信箱：service@showwe.com.tw
展售門市 / 國家書店（松江門市）
　　　　　104台北市中山區松江路209號1樓
　　　　　電話：+886-2-2518-0207　傳真：+886-2-2518-0778
網路訂購 / 秀威網路書店：http://www.bodbooks.com.tw
　　　　　國家網路書店：http://www.govbooks.com.tw

2011年11月BOD一版
定價：250元

國家圖書館出版品預行編目

中國民間故事史. 明代篇 / 祁連休著. -- 一版.
　-- 臺北市 : 秀威資訊科技, 2011.11
　　面 ；　公分. -- (語言文學類 ; PG0639)
　BOD版
　ISBN 978-986-221-828-0(平裝)

1. 民間故事　2. 文學評論　3. 中國

539.52　　　　　　　　　　　100016334

讀 者 回 函 卡

感謝您購買本書，為提升服務品質，請填妥以下資料，將讀者回函卡直接寄回或傳真本公司，收到您的寶貴意見後，我們會收藏記錄及檢討，謝謝！如您需要了解本公司最新出版書目、購書優惠或企劃活動，歡迎您上網查詢或下載相關資料：http:// www.showwe.com.tw

您購買的書名：_____

出生日期：_____年_____月_____日

學歷：□高中 (含) 以下　　□大專　　□研究所 (含) 以上

職業：□製造業　□金融業　□資訊業　□軍警　□傳播業　□自由業
　　　□服務業　□公務員　□教職　　□學生　□家管　　□其它_____

購書地點：□網路書店　□實體書店　□書展　□郵購　□贈閱　□其他

您從何得知本書的消息？

　□網路書店　□實體書店　□網路搜尋　□電子報　□書訊　□雜誌

　□傳播媒體　□親友推薦　□網站推薦　□部落格　□其他_____

您對本書的評價：(請填代號　1.非常滿意　2.滿意　3.尚可　4.再改進)

　封面設計____　版面編排____　內容____　文／譯筆____　價格____

讀完書後您覺得：

　□很有收穫　□有收穫　□收穫不多　□沒收穫

對我們的建議：_____

_____

_____

_____

11466
台北市內湖區瑞光路 76 巷 65 號 1 樓

秀威資訊科技股份有限公司　　　收

BOD 數位出版事業部

⋯⋯⋯⋯⋯⋯⋯⋯⋯⋯⋯⋯⋯⋯⋯⋯⋯⋯⋯⋯⋯⋯⋯⋯⋯⋯⋯⋯⋯⋯

（請沿線對折寄回，謝謝！）

姓　　名：＿＿＿＿＿＿＿＿＿　年齡：＿＿＿＿　性別：□女　□男

郵遞區號：□□□□□

地　　址：＿＿＿＿＿＿＿＿＿＿＿＿＿＿＿＿＿＿＿＿＿＿＿＿

聯絡電話：(日) ＿＿＿＿＿＿＿＿＿＿＿ (夜) ＿＿＿＿＿＿＿＿＿＿＿

E-mail：＿＿＿＿＿＿＿＿＿＿＿＿＿＿＿＿＿＿＿＿＿＿＿＿＿